团队复制生产线

BOSS, THIS IS A GOOD TEAM REPLICATION METHOD

老板，人才生产线，你上了吗？

张浩峰/著

中华工商联合出版社

图书在版编目（CIP）数据

团队复制生产线 / 张浩峰著. -- 北京：中华工商联合出版社，2022.10
ISBN 978-7-5158-3543-3

Ⅰ．①团… Ⅱ．①张… Ⅲ．①团队管理－通俗读物 Ⅳ．①C936-49

中国版本图书馆 CIP 数据核字（2022）第 176456 号

团队复制生产线

作　　者：张浩峰
出 品 人：刘　刚
责任编辑：于建廷　效慧辉　王　欢
特约编辑：韩雅男
装帧设计：周　源
责任审读：傅德华
责任印制：迈致红
出版发行：中华工商联合出版社有限责任公司
印　　刷：北京市毅峰迅捷印刷有限公司
版　　次：2023 年 1 月第 1 版
印　　次：2023 年 1 月第 1 次印刷
开　　本：710mm×1000 mm　1/16
字　　数：240 千字
印　　张：15
书　　号：ISBN 978-7-5158-3543-3
定　　价：49.90 元

服务热线：010-58301130-0（前台）
销售热线：010-58302977（网店部）
　　　　　010-58302166（门店部）
　　　　　010-58302837（馆配部、新媒体部）
　　　　　010-58302813（团购部）
地址邮编：北京市西城区西环广场 A 座
　　　　　19-20 层，100044
http://www.chgslcbs.cn
投稿热线：010-58302907（总编室）
投稿邮箱：1621239583@qq.com

工商联版图书
版权所有　盗版必究

凡本社图书出现印装质量问题，
请与印务部联系。

联系电话：010-58302915

▶▶▶ 推荐序 1 ◀◀◀

翻开这本书稿的那一刻,我的内心是百感交集的。

身为中旭股份的领头人,我一方面欣慰于中旭股份有才能之人辈出,如本书的作者张浩峰,他既是一位优秀的管理者,又是一位擅长输出的知识型人才;另一方面我对团队复制这一主题有切身的感触,中旭股份走到今天,凭借的绝非个人之力,它得益于一支无坚不摧的铁军团队,是各层级管理者及其团队成员共同创造的结果。

团队,从来都不是一蹴而就的,需要培养和锤炼。同时,团队也需要复制和裂变,找到更多志同道合者,一起去为同一个目标奋斗,才能让企业实现规模扩张与发展。故而,如何打造并复制具有战斗力的铁军团队,已成为每一个成长型组织的必修之课。

那么,什么样的团队才能称得上铁军团队,或者说一流团队呢?

相信很多人都会给出这个答案:思想统一、目标统一、行动统一。对此,我也十分认可。然而,这看上去简简单单的12个字,实践起来却要冲破百层千层的阻碍。

关于如何打造出一流团队，结合中旭股份的成长历程，我最大的体会就是，要想企业实现命运共同体和利益共同体，先要成为"思想共同体"。

《孙子兵法·谋攻》里有云："上下同欲者胜。"

意思很明确，上下一心、同仇敌忾，才能取得胜利。我们都知道，思想决定行为，行为决定结果，唯有在思想层面达成一致，才能打造出具有强大执行力和战斗力的团队。倘若人心不一，各有想法和目标，再怎么强强联合，也难以成为——团队。

有关团队建设的书籍，过去也读过不少，但翻开这本书时，我依然眼前一亮，因为作者张浩峰是从荣誉感的视角切入的。我深信，他也是在管理过程中领略到了团队复制的精髓：要实现上下同欲，要成为思想共同体，集体荣誉感必不可少。

一路走来，见证过不少的辉煌，也感慨过不少的失败。集体荣誉感，是团队的灵魂力量。没有荣誉感的团队，就是各人自扫门前雪，当个人利益与集体利益发生冲突时，往往会作出损公济私的选择；而那些具备集体荣誉感的团队，几乎都拥有着超强的凝聚力，在面临任何处境的时候，都能呈现出"招之能来，来之能战，战之能胜"的绝佳状态。

当一个团队拥有了灵魂，再配合技能上的培养与复制，凝聚力与战斗力都会大大提升。我相信这本书一定会给广大的企业客户带来思想上的启发，以及行动上的指导。当然，最后想强调的是，学到多少只是开始，落地多少才是价值。忠心地祝愿每一位企业客户，都能够在学习中成长，在落地中裂变！

王笑菲

中旭股份董事长

▶▶▶ 推荐序 2 ◀◀◀

感谢中旭智和商学院张浩峰院长的邀请,为他的新书作序。坦白说,第一眼看到这本书的名字时,我就已经对它产生了兴趣。

随着改革开放的脚步,中国的民营企业获得了空前的发展,其中有一些大型的民营企业,对经济社会生活产生了巨大影响,成为很多地区经济与行业发展的龙头和引擎。然而,在这片大好形势的背后,也有一些不容乐观的事实,那就是一大批中小型民营企业陷入了发展瓶颈中,进退两难。

我曾经就中小企业的发展现状也进行过深入的考察与思考,结果发现制约中国民营企业发展的因素中,有一个巨大的瓶颈就是管理团队建设不足。在竞争愈发激烈的今天,企业的管理团队的作用日益显著。优秀的管理团队,才能产生优秀的管理者,而优秀的管理者,才能够管理好员工队伍,生产出优质的产品或提供优质的服务。同样,不完善的管理团队,必然会限制企业整体的管理能力,从而限制管理效率,制约企业的生产或服务。

很多人都追问过,中国的民营企业与世界五百强最大的差距是什么?结合大量的企业案例和经验，我们不难发现，中国的民企缺乏一套完整的管理系统，也就是缺乏系统管理的思想。所谓系统，就是利用一切可被整合的资源与工具，建立可被复制的标准流程和模式，通过培训和激励的方式，让团队成员高效执行，从而实现战略的一套体系。

打造出优秀的管理团队，同时建立可被复制的标准流程与模式，带动团队成员高效执行，从而实现企业的战略目标。整个过程，恰恰就是张浩峰院长在这本书中想要传递的核心。

要复制团队，先得认识团队。什么是团队呢？有共同的使命、共同的愿景、相同的价值观，而在这本书里，张浩峰院长提到了一个重要的关键词——荣誉感，它让我想起了一句话，或者说一幅画面："坚持理想不在于理想给我什么，而在乎我愿为理想付出什么。无论前方几多阻碍，为荣誉而战的骑士永远会高傲前行。"

荣誉感是团队建设中事关成败的一种文化，对任何组织而言都是不可缺少的精髓。管理界盛行一种说法：一个人不敢做坏事，是因为怕老板，这是人治；一个人不能做坏事，是因为没机会，这是法治；一个人不愿意做坏事，是因为没想到，这是心治。人治是老板厉害，法治是机制厉害，心治是文化厉害。

思想上的一致，观念上的统一，依靠的是文化的熏陶，是荣誉感的渗透。杰克·韦尔奇也说过："健康向上的企业文化是一个企业战无不胜的动力源泉。"

要打造并复制有战斗力的团队，一定要从企业的灵魂与精神支柱入手，让团队成员拥有荣誉感、成就感、归属感、获得感。唯有尊重英雄，才能吸引更多的英雄。

龙安志

美国著名作家、政治经济学家、导演

中国政府友谊奖得主

中华图书特殊贡献奖得主

推荐序3

恰逢我们发起成立"海悦读、融智慧"的读书会之际,意外地收到了浩峰先生发来了他的书稿,希望我能写一个序。首先,他能够想到我,这是我的荣耀。其次,书名非常吸引我,同时,我打心眼里佩服浩峰先生,他能静下心来,把自己多年来在培训生涯中的所思所言所行整理成书,实在难得!

现在数字化时代,面对国内外瞬息万变的情况,说实在的,无论是重资产企业还是轻资产企业,都不容易。也无论是人才流、资金流、财税流,还是法律流、渠道流,任何企业都有一个不容忽视的问题:团队打造的问题。个人的能力再强,企业的规模再大,都需要有一支强有力的团队,才能突显企业优势,形成合力,把事业做精彩。

浩峰先生是一位有心人,他从个人与团队关系、荣誉、逆境、赋能、激励、愿景、效率和经营人心8大方面,详细阐述了如何打造坚强的团队,有实例,有理论,有方法,甚至用工具来佐证。全都是他自己在长期的教育和培训中提炼和总结出来的,而不是千篇一律地摘抄;他是一位以实力取胜的人,而不是以华丽辞藻、故意卖弄博取别人欢喜的人；他也是一位有大爱的人，他把打造精锐团队的经验无私地分享给更多的朋友，目的就是让老板、团队和个人都满意，而不是让不满充盈在每个人的脸上和心里。

最坚不可摧的团队大多来自战争。现代战争需要空、天、陆、海、潜一体化作战体系。现代企业管理不仅需要可共享的创新平台、符合当地新兴的产业发展体系、活跃的资本市场、创新的文化营造环境，更需要人才汇聚的团队的打造。互联网时代，科技迅猛发展，知识爆炸式增长和更新，跨界日益迫切，不确定性越来越显现，打造一流团队的作用和意义尤为重要。企业任何一个项目，如果没有团队成员、团队与团队之间密切的配合，没有支持平台，没有配套的环境，而只有掌舵人、核心技术带头人，是不可能发挥他们的优势的，也不可能创造和完成世纪工程项目的。

我认为，本书在娓娓道来的时候，给广大读者的启示，就是在打造优秀团队方面，需要有清晰的团队建设方式和发展脉络，这样团队才能复制，企业才能可持续发展。浩峰先生是一位有宏大志向的人，他至少17次提到了"社会"一词，目的就是把企业的发展延伸到国家与民族的发展层面，把对员工和企业的爱扩展到对整个社会和国家的大爱，把团队的事业建立在中华民族共同发展的文明基础之上。如此胸襟，如此大爱，我想一定会有更多像我一样的读者关注和阅读这本书的，理由是它指明了一条既可以打造，又能复制优秀团队的路径。

赵 雷

德胜（苏州）洋楼有限公司前文化中心总经理

▶▶▶ 自 序 ◀◀◀

荣誉感——团队精神赋予的外在良知

如何打造一支稳定的团队？如何打造一支规范的团队？如何打造一支有凝聚力和战斗力的团队？这是萦绕在每一位团队管理者心中的问题，也是他们在实践中苦苦追寻的答案。要打造一支稳定、高效、团结、有战斗力的队伍，需要在很多方面下功夫，如企业家的修为、择人用人、管理方法、考核与激励制度、企业文化等等，都是不可小觑的。然而，在上述的这些重要因素中，文化建设是从始至终都必须关注的，也是团队建设的统领，思想和认识的统一，直接决定着行为选择。

之所以为团队，是因为所有成员都有一个共同的目标，且为了这个目标相互配合，凝聚在一起共同努力，发挥集体的力量。这，就是团队的统一精神。要打造出有凝聚力的团队，并保证在团队复制过程中不走样，最重要的是保持精神上的一致性，让所有的成员都为团队的荣誉而战。

荣誉感，是团队精神赋予员工的外在良知。

一个团队，不仅仅需要有能力的人，也需要有良知的人。只不过，我们通常很难用比较简单的刻度对"良知"进行衡量。这时候，就需要引入团队荣誉感这个概念，以此来评价人的"职业良知"。

荣誉感，是驱使人在集体活动中追求卓越与创造力的一种驱动力，是责任心的前提，是使命感的基础，也是底线思维的保障。也就是说，一个拥有荣誉感的团队成员，他能够以积极的心态去面对自己的工作，能保证一定的职业素养，恪守职业操守。

一个追求荣誉感的人，他在团队中可以形成天然的威信。从身份上讲，他可能是团队的普通成员，也可能是团队的负责人，但不管是哪种角色，只要他是一个充满荣誉感的人，就能够在工作中脱颖而出，成为团队中的重要组成。在团队中，这样的人越多，那么团队的凝聚力就越强、执行力就越突出、实现目标的内部阻力也越小。

荣誉感是道德的内化，而团队荣誉感，就是职业道德的最终呈现方式。如果一个团队完全丧失荣誉感，团队的运作机制就会朝着"无序、混乱"的方向发展，团队的成员就会失去职业精神，以蝇营狗苟为荣，以乐于奉献为愚。最终导致的结果是，团队成员之间因为缺乏道德的约束，互相难以形成彼此信任的关系，如此团队，就是人们所说的"表面团队"——非但没有合力，反而会因为不断的内耗，削弱每个人的战斗力。

对于荣誉感的渴望，是人类重要的精神需求。早在古罗马时期，人们就对荣誉感极为看重，他们甚至会将一个人获得的荣誉，直接写进他的名字中，一旦提起这个人的名字，其他人就知道他曾经为社会、为大众做出过哪些贡献，因此对他格外崇敬。

以大西庇阿来说，他在第二次布匿战争中，打败了汉尼拔，征服了迦太基，他的名字就变成了西庇阿·阿非利加努斯。这项荣誉被写进了名字，并且载入史册。后世的人们只要看到这个名字，马上就知道他曾经的丰功伟绩。

拥有荣誉感的人，可以在任何微不足道的岗位上作出骄人的成绩。一个人最终能走多远，看的不仅仅是他的能力有多强，职位有多重要，也要看他能否将"荣誉感"贯彻到自己的工作中，进而以最强的使命感和责任感投入到所做的事情上。

职场人的荣誉，往往是跟团队联系在一起的。团队可以成就个人的荣誉，个人对于荣誉的追求，也可以成为团队进化的能量。

可能有些人会觉得，团队想要赋予一个人荣誉很容易，不就是一座奖杯、一本证书的事情吗？但实际上，荣誉不仅仅是一个称号、一点奖金，真正有价值的团队荣誉，其背后应该具备一个完整的支撑体系。

首先，是"公平原则"的支撑。

失去了公平的荣誉，非但不能褒奖人，甚至可能会成为一种负担。例如，很多团队会评选年度先进工作者。顾名思义，这种荣誉应该是给一年中工作表现最优秀的成员，可是很多团队在评选的时候，却将它变成一个论资排辈，甚至是暗箱操作的工具，丧失了评选的公正性，先进工作者的名号非但不能够激励获得者和希望获得这一称号的人，反而成了团队成员严重的笑柄。荣誉的褒奖和带动作用，故而也就丧失了。这也提醒我们，想要让团队成员拥有荣誉感，必须要有公正的荣誉评选机制，否则"荣誉"就会失效，荣誉感就会丧失。

其次，是"个体原则"的支撑。

团队荣誉，最终要落实到个人的头上。在团队中，我们经常说"责任到人"，但是轮到分荣誉的时候，就有人会说"荣誉是集体的"。其实，有资格说这个话的只有一个人，那就是荣誉的具体获得者。对于一个团队而言，责任要落实到具体一个人身上，荣誉同样也应该适当地赋予个人。只有这样，才能最大程度发挥荣誉的激励作用。对于员工来说，当某一项荣誉属于且只属于他的时候，是一种莫大的认可和奖励；但如果一项荣誉是共同颁发给"几个人"的时候，且轻描淡写地就过去了，那么这份荣誉带来的获得感就会被削弱。

最后，是"外在原则"的支撑。

荣誉感是一个内在的东西，但获得的荣誉必须是外在的。这里说的外在，主要是指荣誉应该和外在的评价紧密联系起来。在一个团队中，拥有荣誉的人，应该获得相应的威信；而失去荣誉的人，应该感到惭愧。如果荣誉起不到这样的外在效果，那就证明这个荣誉是没有人在乎的，也就没有存在的必要了。

总而言之，荣誉感并不是空泛的口号，它是实实在在的团队激励体系。当这一体系被构建起来之后，我们会发现，许多之前曾经困扰着团队建设的问题，会迎刃而解。团队荣誉，四个字听起来简单，实际上它涉及团队执行力、效率、激励机制、愿景构建等各方各面的具体问题。接下来，大家要读的这本书，会从不同角度出发，告诉每一个团队建设者，如何利用"荣誉感"来揭开团队建设的全部真相。

目录

第一章 关系｜个人与团队的深度绑定

- 摆脱负面的"荣誉争夺战" ………… 002
- 无视荣誉的英雄主义就是盲动主义 ………… 007
- 要荣誉的象征性，不要象征性的荣誉 ………… 012
- 改变从观念开始，改变从自身开始 ………… 017
- 运作完美团队的简单模式 ………… 022

第二章 评价｜荣誉是勋章，也是救赎

- 科学考评很重要 ………… 030
- 双轨制评价：业绩与荣誉共存 ………… 034
- 让荣誉成为团队中的"硬通货" ………… 040
- 赢回荣誉：给员工自我救赎的机会 ………… 045
- 团队评估的方法 ………… 049

第三章
逆境 | 无论输赢，一起扛！

迎难而上，走得更远 ... 056
六大负能量，将团队逼向逆境 ... 060
逆境团队的"四大毒药" ... 065
别让经验害了团队 ... 070
安逸久了，逆境自然会找上门来 ... 074

第四章
赋能 | 促使团队自我进化

要团队，不要"小团体" ... 080
"集体思考"遇到瓶颈怎么办？ ... 085
让团队成员知道——"我能有所贡献" ... 090
团队应有"多兵种协同作战"的能力 ... 094
准确把握需求，再去谈奉献 ... 099
团队与共同专注力 ... 103

第五章
激励 | 荣誉与金钱，哪个更重要？

金钱激励有用，但也有局限 ... 110
用激励激发潜力 ... 115
四种"激力" ... 120
新领导如何激励老团队？ ... 126
用激励解决四大问题 ... 131
五个基础激励理论 ... 135

第六章
愿景 | 若有大梦想，便无小心机

小成功靠目标，大成功靠愿景 — 144
愿景：胆大一点又如何？ — 149
在学习中寻找愿景 — 153
团队因"忘我"而强大 — 158
树立愿景需要有"全局思维" — 162

第七章
效率 | 全力以赴，不懈怠！

计划，为团队注入持久行动力 — 168
集团作战：担当就是效率 — 171
追求荣誉是克服惰性的最大动力 — 175
沟通！沟通！再沟通！ — 180
提高效率，要善于做减法 — 185

第八章
人性管理 | 经营团队，就是经营人心

有温度的团队才是好团队 — 192
不要轻易给团队成员"定性" — 196
信任，是团队最宝贵的财富 — 201
人性管理就是管理人性 — 206
人性管理的"成本" — 212

附录 工具包 — 216

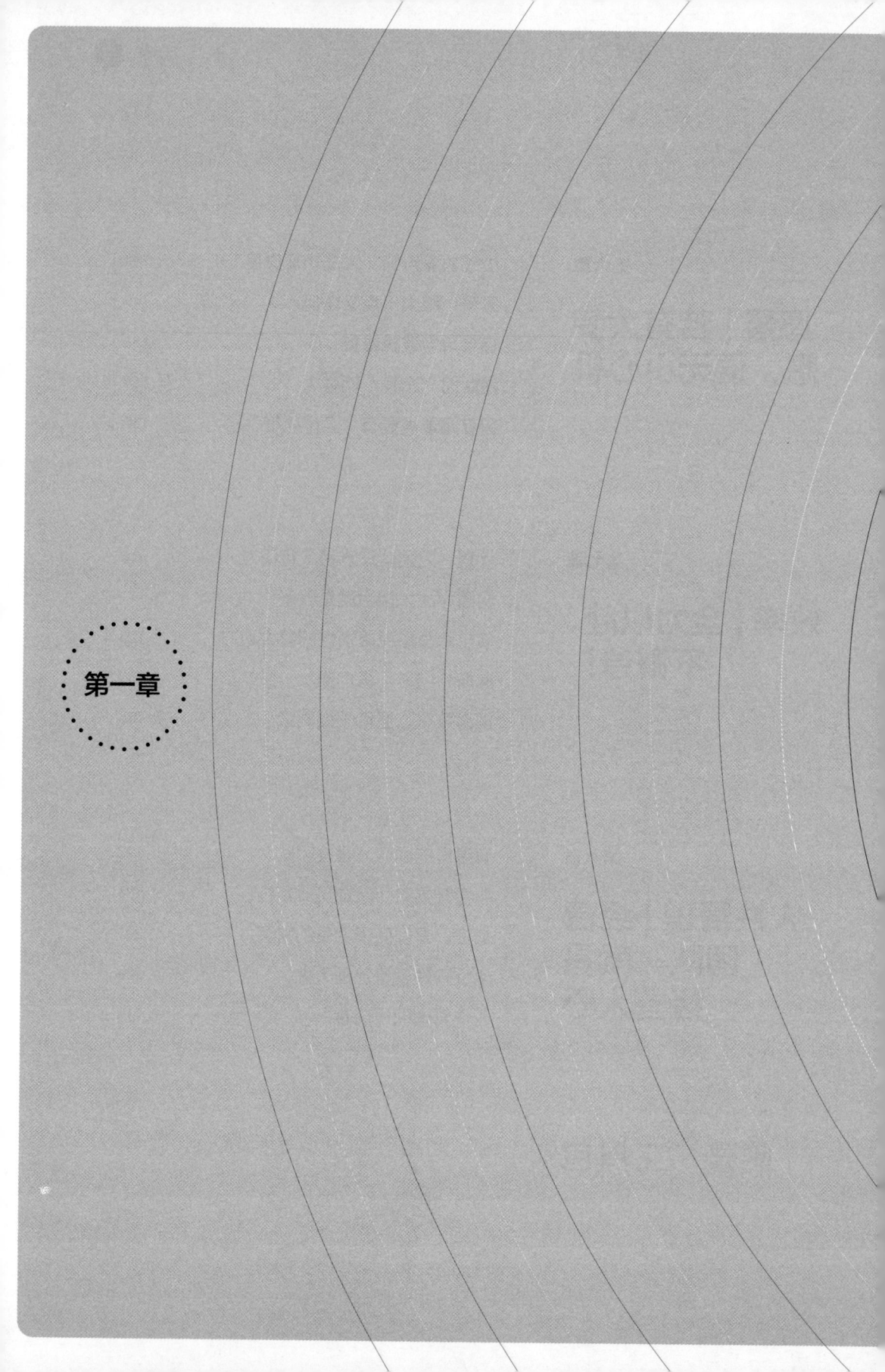
第一章

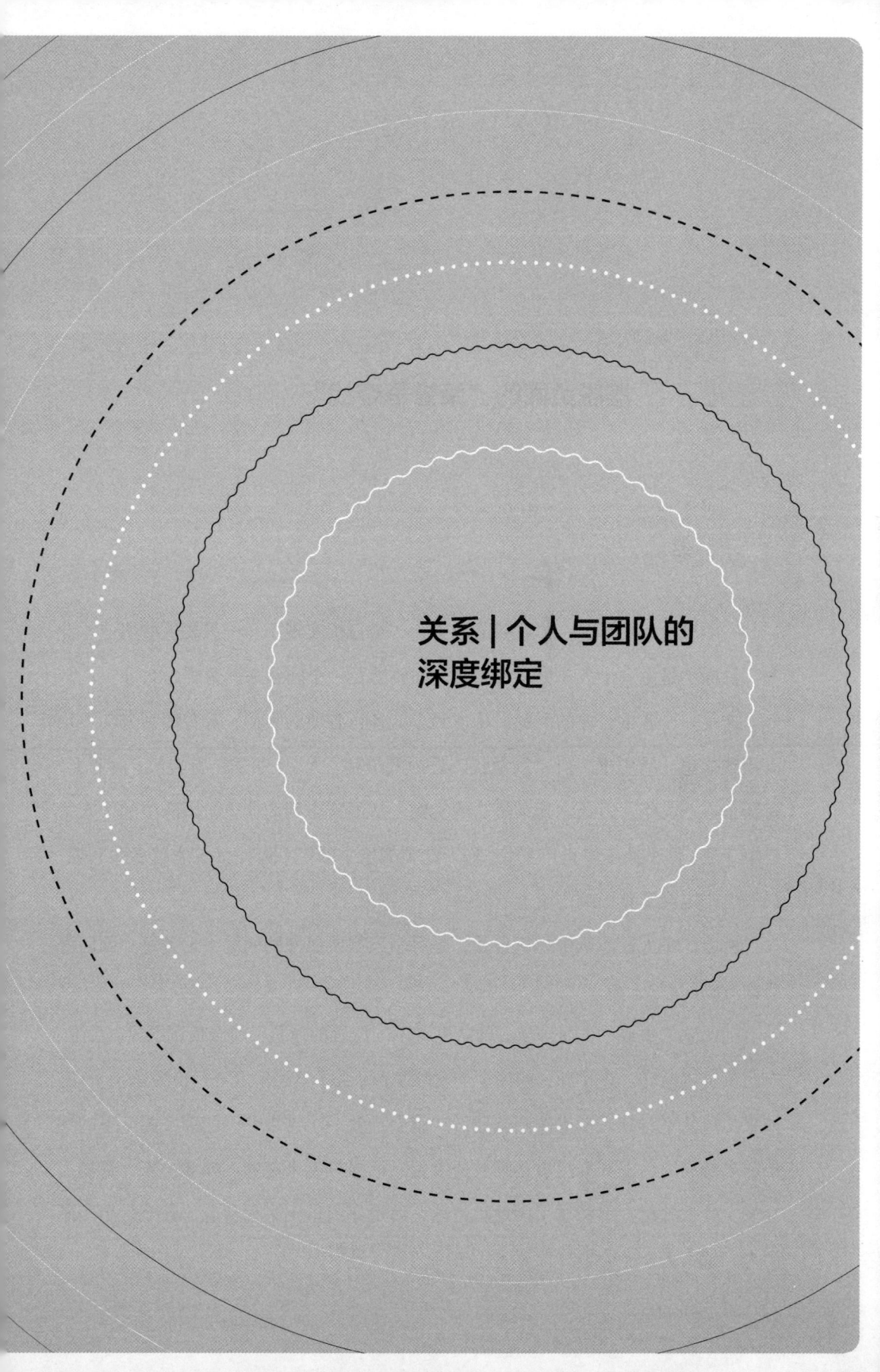
关系 | 个人与团队的深度绑定

摆脱负面的"荣誉争夺战"

一项事业成功了，一单业务落地了，一个目标实现了……只要这些事业、业务、目标不是由一个人单枪匹马完成，都要涉及一个问题——荣誉怎么分？

这是一个非常普遍的问题，从古到今、各行各业的人们，都曾因为分功不均而招致祸患。历史上，有"颍考叔、公孙阏争功""二士争功"等典故；商业上，有新东方三大佬、万通六兄弟争功的实例。从国家史到商业史，团队中的个人荣誉争夺战，似乎从未停止；且凡是陷入此类战争中的"团队"，无论它曾多么辉煌，最终也一定会受到影响，走上下坡路。

所以，个人在团队中如何自处，是每个人都要思考的问题，也是每个团队都要面对的问题。

把团队想象成一支足球队，球队里有不同位置的球员，前锋负责进攻，后卫、守门员负责防守。进了球，前锋享受欢呼掌声；丢了球，后卫守门员要承担责任。如果足球队本身缺乏基本的团队建设，就会导致一个结果——前锋在团队里的地位越来越高，后卫和守门员逐渐被边缘化、话语权越来越弱。如此一来，赛场上会发生什么状况？前锋拼了命地想进球，后卫守门员则毫无斗志，甚至是出工不出力，到头来一定会输掉比赛。

这就是团队荣誉分配不科学导致的结果。如此结果，在管理的现实中，一点也不少见。

　　某企业，有如下几个部门——品牌部、会展部、会员部、期刊部。

　　品牌部和会展部主要负责一线业务——招商、组织会议、举办展会……他们的员工四处抛头露面、招商引资，是主要的盈利部门。

　　会员部负责维护会员、管理会员资料，员工大多数时间留守在办公室，充当后勤保障，没有盈利能力。期刊部则主要从事会员宣传、信息采集、杂志编辑等工作，投入大、产出低，盈利能力有限。

　　日子久了，企业的领导开始觉得：品牌部、会展部每年能为企业实现大笔盈利，而会员部和期刊部，则缺乏盈利能力。虽然他也知道，品牌部和会展部的业务之所以能顺利开展，离不开会员部的后勤保障和期刊部的宣传支持，但在具体分配利益和荣誉的时候，由于品牌部和会展部毕竟是直接盈利点，所以各种资源自然要向他们倾斜，对他们的存在也更加重视，对他们的诉求也更愿意去满足，甚至有时候会有明显的倾斜。而对于其他两个盈利能力有限的部门，领导自觉不自觉地有些忽视。

　　会展部和品牌部两个部门的分管领导，自然也觉得自己居功至伟，一时间春风得意、不可一世，甚至扬言：其他两个部门都是被我们"养"着的！

　　会员部和期刊部的工作人员呢？自知不被重视，而且无论多么努力，也不可能从根本上改变现状，所以他们的工作积极性大打折扣。最直接的体现就是，会员部的人在会员管理方面显得不够上心，会员资料乱七八糟，会员维护得过且过。期刊部的员工则不太愿意和会展部和品牌部的人打交道，守着自己的媒体平台自成一派、闭门造车。

　　渐渐地，企业内部割裂的构架开始展现负面情境——

品牌部、会展部踌躇满志地要创一番大事业，但是却发现企业里的客户管理体系一片混乱，极大地影响了他们招商的效率。

与此同时，期刊部的人也不愿意配合自己的工作——一来不能帮助客户做好宣传，削弱了自己为客户提供价值的空间，二来不愿意为自己的活动、会展进行报道、推广，对于活动的展开也有影响。

由于企业内部的合作机制走进了一个"下行通道"，所以在之后的几年时间里，企业的业务也一直在走下坡路。随着营收的减少，企业内部关于荣誉和利益的"争夺战"也变得更加激烈，因为大家都想把日益缩水、体积有限的"蛋糕"抢到自己的盘子里。

当散沙一盘的情况已经成为定局之后，企业的衰败就不可避免了。之后数年时间，企业的发展始终停滞。商场上不进则退，这个停滞的企业，最后从行业中的佼佼者变成了落后者。可直到最后，管理者也不知道问题出在哪，他始终在想："会员部和期刊部到底是什么情况？怎么不管什么人进到里面，最后都会变得毫无激情、庸庸碌碌？"

这位领导很清楚地看出了一些问题的端倪，即会员部和期刊部成了人才的黑洞，工作态度和业绩不佳。但是，他没有透过现象看到问题的本质，即在荣誉的阴影地带，不会有使命感和责任感的鲜花盛放。

从管理上讲，领导者首先要确定一个基本原则：一个部门之所以存在，是因为它有自己的使命，而拥有使命则意味着必须要给它一个通过完成使命来争取荣誉的机会！对于员工个人来讲也是一样，交付他一项任务，他按照要求完成了，那他就有获得荣誉的权利！

我们不能在自己的企业和团队里，制造荣誉的"空白地带"，把某个部门或者是某个人视为"工具"——只要他发挥作用，不去考虑他作为一个人被尊重、被认可的需求，进而剥夺他获得荣誉的机会。在现代企业中，作为领导者或管理者，如果你觉得团队里大多数人都无法胜任创造性、建设性的工作，那么就要思考，是不是管理、分工和奖励机制出了问题？这不是一件好事情，需要引起警惕！

如果管理中存在太多荣誉空白地带，那么处在此地的员工，一则可能会"奋起反抗"，采取一些非常规手段来争取荣誉——诋毁、谗言就是这样产生的；二则可能会进入一种消极合作的状态——既然我没有获得荣誉的机会了，那么你们也别想通过我的配合、我的工作，来顺利地争取到你们的荣誉，"我"不想被"利用"。

一旦出现如此状况，企业将陷入不可自拔的内耗和衰落中。

所以，作为团队领导者，在管理的过程中，首先要有一个基本的认知——我应该给每个人、每个岗位，都提供平等争取荣誉的机会。至于最后荣誉花落谁家，是由个人的表现决定的，而不是其位置决定的。唯有如此，才能够减少负面的荣誉争夺战。

【拓展链接】通过合理的岗位设置，摆脱负面荣誉争夺战

设置和安排岗位的时候，务必要有三化意识：

一、结构化

澄清岗位到底要做什么——同一个层级的岗位，做得越多、荣誉权重就越大，而不是赚得越多荣誉权重越大，否则单位中最具权威的人应该是财务总监。

二、立体化

澄清每个岗位的多维评价机制——我们对岗位的评价不能是二维的，即不能只用好和坏来定义。相反，我们应该尽量建立和澄清岗位的多维评价机制，维度越多、越科学，我们越能够清楚地给出相应的"荣誉报酬"。

三、基准化

澄清岗位之间的相互关联——岗位管理，应该用"复杂科学"的视角去看待，我们要知道每一个岗位在"管理大厦"中的定位，同时也要明白岗位与岗位之间的"关联模式"。A岗位盈利性很强，B岗位不盈利，但是没有B岗位的支持，A岗位就无法有效盈利。这时候，我们就要将A岗位的盈利与B岗位关联起来，在给予荣誉时将其视为整体来考虑。

无视荣誉的英雄主义就是盲动主义

团队有培养人才的使命，可以给员工一定的时间去成长，但绝不能成为平庸的孵化器和避难所。任何一个团队中，都需要有能够在关键时刻站出来，挽狂澜于既倒，扶大厦之将倾的人，而领导者的任务之一，就是着力培养团队中的业务明星、攻关能手、得力干将。

在建设团队的时候，领导者决不能以"集体"的名义打压个体的出挑，这样有可能会阻碍强者的诞生。但有一点需要认清，团队需要"英雄"，但不需要盲动的英雄。那种在绝对的个人英雄主义思想下，催生出来的盲动英雄，是万万要不得的。

什么是集体英雄，什么又是个人英雄？

二者最核心的差别，就在于——是否有集体荣誉感。

一个将集体荣誉感放在心上的优秀员工，他在处事时，也可能很激进、具有冒险精神，但他的冒险行为是限定在战术层面上的，在战略和大方向上，他始终站在团队一边，不会盲动、不会冒进。然而，个人英雄则不然，他们追求的是自身的利益或者是自我的表达，为了达成自己的目标，他们会将团队制定的战略抛诸脑后——捡了自己的芝麻，丢了团队的西瓜。

某集团里有两个业务部，一个在北京，一个在上海，各有各的团队，且各自管理。

两个业务部之间，当然存在着竞争和比拼，但是遇到大业务的时候，彼此之间也会相互协作。平日里，两个业务部的领导都达成了一个基本的默契——北京业务部主要负责北方市场，而上海业务部则负责南方市场，虽然这不是公司的硬性规定，但是这种默契，使得两个业务部之间能够和平相处，避免陷入内部恶性竞争的陷阱之中。

相较而言，由于南方的市场比较大，所以南方业务部的业绩一直压北方业务部一头。不过，由于集团公司领导知道两边情况不一样，所以对于两个业务部仍然一视同仁。

在北方业务部中，有一位经理叫李然，此人能力突出、业绩出众，也颇具野心。平日里，他就对业务部经理提出的"业务不过江（长江）"颇有微词，整天喊打喊杀地说什么："打过长江去，给南方业务部一点颜色看看。"

李然的上司知道，他之所以有这种想法，是因为他觉得南方的业务更好做，利润更大。所以，上司曾经私下警告过李然："不要动南方市场的心思，做好北方市场，就已经够你大展拳脚了。如果你实在眼馋南方市场，我可以和总部申请，把你调到上海业务部去。"

李然家在北方，自然不愿意去上海，但是他又眼馋南方市场，所以就私自发力，在南方谈成了一个大客户，并且以分部的名义签订了初步的合作协议。

当他拿着协议去见北方业务部总经理，也就是自己的上司时，上司非常生气。因为李然无视了自己的告诫。但由于已经和对方签订了初步协议，如果贸然终止合作，是违背商业原则的。无奈之下，总经理只好在告知了南方业务部和总部之后，与对方达成了最终协议。

这是一笔大买卖，李然从中拿到了不少好处。但是，潘多拉的魔盒也因此被打开了。自那以后,南北方两个业务部"互不侵犯"的默契被打破了,南方业务部开始大举进攻北方市场,北方业务部在市场被蚕食的现实面前,也只好频繁地进军南方市场。

原本井水不犯河水甚至还有所合作的两个部门,现在成了对立的"敌人",企业的内耗和运营成本大大增加。尽管两个团队都有了在全国范围内开展业务的机会,但是净盈利却开始下降。后来,集团公司不得不出面介入,以行政力量终止了两个业务部之间的恶性竞争。作为这场风波始作俑者的李然,虽然能力突出,也没能免除被扫地出门的结局。

毫无疑问,李然的能力是很突出的,他能够靠一己之力,打开南方市场,赢得业绩,这是常人难以做到的。但他的问题就在于——只考虑个人的得失,无视团队的利益,并伤害了集团利益;只在战术层面上思考问题,却没有在战略上有所认识,未能与团队站在同一个战略高度上。

对一个团队来讲,这种战术上勤奋、战略上懒惰的人,危害是难以估量的。这种人就属于盲动的"英雄",凡事只考虑自身,罔顾团队需求;只重视个人的眼前利益,看不到团队的长远利益,以及由团队长远利益所带来的个人稳定上升的收益。

为什么有的团队强,有的团队弱?两者之间也有一个非常明显的区别:在强大的团队中,大家能力上可能各有不同,但是看问题的角度和高度是一致的,这样的团队,能够团结一致、步伐整齐地朝着既定目标迈进。

在弱的团队中,不是他们中间没有能人,而是每个人都试图按照自己的方向前进,就好像穿在一根绳子上的蚂蚱,本来应该朝着一个方向飞,但是它们偏要各自前行。结果,"团队"这根绳子非但没有变成将各方力量串联起来的绳结,反倒成为阻碍各自前进的绊脚绳儿,这样的团队,怎会不败?

团队之所以能够爆发出强大的力量，在于成员间可以通过协作，放大每个人的优势，规避每个人的不足，最终形成 1+1 > 2 的实际效果。可反过来讲，如果在一个团队中，大家不能拥有团队的荣誉感、进而形成统一的战略共识，那后果就是，在不断地内部碰撞中，每个人的优势都遭到压制，缺点却暴露无遗，最后搞得一团糟。

这样的团队，现实中并不少见。相信每一个在职场中打拼的人，都会有过这样的感受：在某家企业中，大家团结一致、群策群力，不仅仅事情能做成，且做事的过程还令人感到愉悦，为此个人也更愿意在团队中贡献能力、释放善意。可在某些企业中，一帮人尔虞我诈、各怀鬼胎，不仅事难办，心情也压抑，一个在别处认真工作的人，来到这样的团队中，也非得不择手段、采取一些上不了台面的方式，才能"将就"下去。

两种截然不同的团队，关键差别就在于，没有处理好个人英雄主义和集体英雄主义的关系，导致团队内盲动主义横行，最终破坏了维系团队合力的"集体荣誉感"，变成了各自为战的乌合之众。所以，作为管理者要清楚，拿出一套战略不是你最大的本事，让员工相信你的战略、服从你的战略，并且能够在战略框架下大展身手，这才是优秀管理者的真本事。

【拓展链接】盲动主义者的三个特点

怎么才能分辨团队中那些有盲动主义苗头的成员呢？我们不妨抓住下面这三个特点。

一、盲动不是没有目的地动，而是让所有目的都为自身服务地动

说起盲动，很多人都觉得没有目的瞎折腾叫盲动。这是不对的，盲动主义者的目的往往更加明确——他们做什么，都是为了在第一时间为自己争取利益。所

以，对于团队中那些无利不起早、有利不请示、不汇报，埋头就向上冲的人，要多留意一点。

二、盲动主义者更倾向于单兵作战

盲动主义者，往往看到好处就会扑上去。他们深知，一起扑上去的人越少，自己分到的蛋糕就越大，所以他们经常会有单兵作战的倾向。

三、盲动主义者只有在事情不利的时候，才会用"团队概念"来开脱

盲动主义者也会失败，也只有在失败的时候，他们才会想起"团队"来，因为"团队"可以帮他们摊薄责任。所以，他们在失败的时候，说得最多的话反而是"我这么做是为公司着想""我是在为团队试错"。

要荣誉的象征性，不要象征性的荣誉

象征性地表扬一下，象征性地给一点奖励，象征性地发个奖，这些都是象征性的荣誉，对员工来讲，此类荣誉的意义并不大。反过来，如果一个荣誉可以成为"能力的象征""团队地位的象征""集体贡献的象征"，这样的荣誉就变得非常珍贵，也会让员工竞相追逐。

人人都夸华为管理有一套，可是很多人恐怕并不清楚华为式管理的真正运作机制。简单来说，华为式管理就是典型的"实利+荣誉"两条腿走路模式。

在华为的人力资源部下面，有一个分部，名字就叫"荣誉部"。

华为荣誉部的历史比很多企业的历史都要长，它创建于1997年，该部门的职责顾名思义就是"管理荣誉"。首任荣誉部部长，是由公司党委书记兼任的，由此可以看出，华为对荣誉的重视程度。

如何给员工以荣誉？如何让荣誉充满象征性？华为是这样做的。

2015年3月25日，华为正式发布了《明日之星评选管理规定（暂行）》。

华为的明日之星是各部门所有员工参与评选出来的，为了评选的公正性，在评选过程中，实行"一人一票，当场计票，当场公布结果，选票当场销毁"的评选办法。也就是说，在华为，最重要的荣誉不是领导给你的，而是你的同事给你的。一名员工，只有他的工作得到了同事的认可，才有资格获得荣誉。

选上明日之星有什么好处呢？会发一个奖章。

不要小看这个奖章，据说，华为的明日之星奖章是委托巴黎造币厂制造的。而巴黎造币厂，距今已经有一千两百年以上的历史，也是欧元的唯一指定制造商。

有人很不理解，我们国内的各种奖章制造企业数不胜数，华为为什么要偏偏选择一家历史最长，同时也是价格最高的企业，来为自己生产奖章？

答案很简单，华为就是要通过这一手段，来增强荣誉的象征性。

试想一下：当员工拿到由一家千年历史的老企业生产出来的精美奖章时，他会做何感想？或许很多人会因为这一枚小小的奖章，对企业的源流和继承，产生更高、更新的认识。

除了明日之星奖之外，华为还有很多奖项，每年的企业年会上，发奖是最终的环节，一般要持续四五个小时。战略项目奖、最佳销售项目奖、竞争优胜奖、战略竞争奖、区域能力提升奖、最佳专业职称奖、优秀行政服务奖等数不胜数。

作为华为的掌舵人，任正非会亲自颁发一个奖项，那就是家属奖。

2009年华为市场部大会，任正非亲自为华为人的家属发奖，他说："我们奋斗的目的，主观上是为了自己和家人幸福，客观上是为了国家和社会。最应该获奖的，应该是我们员工背后几十万的家人。其实，他们才真的是非常伟大。他们忍受了多少痛苦，才成就了华为，没有他们，就不可能有华为的今天。"

华为的荣誉之所以在员工心目中有很高的含金量，是因为他们为荣誉赋予了更多的象征性，而且更关键的是，这些象征性都是基于团队价值来体现的。

明日之星奖章之所以重要，是因为它来自团队成员的公平选举，获得这个荣誉意味着什么？意味着"我"的工作能力得到了同事的认可，与此同时，"我"为人处世的方式也是同事们所欣赏的，所以这个荣誉才因其丰富的象征性内涵，得到了员工的重视。

家属奖为什么会被重视？是因为在获奖者心目中，他不仅象征着企业对自身价值的认同，更象征着企业对家庭的重视。反过来讲，员工为什么会重视荣誉的象征性？因为荣誉不是个人赋予的，而是来自一个团队的意志。这也告诉我们的管理者，我们不要把对个人的赞扬、褒奖与荣誉画等号，那是不对的。

很多管理者认为，口头赞扬和褒奖，也是一种荣誉的赋予，并且经常性地滥用这种赋予荣誉的方式，这其实是管理的一大误区。

我们所说的荣誉，其实可以分为两部分来看——个人赋予的荣誉和团队赋予的荣誉。个人赋予的荣誉，象征的仅仅是管理者的个人看法。很多经常被上司表扬的员工，其实在团队中的受认可程度并不高；且滥用个人赋予的荣誉，往往会导致团队的不睦，这对于团队建设是不利的。只有团队赋予的荣誉，才真正具备团结大多数、赞扬团队参与者的作用。

二者之所以会有这么大的差别，正如我们之前所说——团队赋予的荣誉，是为荣誉提供了象征性，而个人赋予的荣誉，仅仅是象征性的荣誉。其实，在实际的工作中，个人赋予荣誉的现象很常见，甚至很多荣誉是"披着团队荣誉外衣的个人荣誉"。

某公司，每年年底的时候都会评选出一批"先进工作者"。

那么，这些先进工作者都是怎么评选出来的呢？

第一年，大多数获奖者都是各个部门的主要领导；第二年，大多数获奖者都是各个部门的业务主力，或者是那些和领导关系比较好的员工；到了第三年，团队中的其他人才有了获奖的资格。

可是，此时先进工作者这个荣誉的含金量，已经大幅贬值了。因为在员工心目中，这个荣誉不是用来表彰先进的，而是用来论资排辈、鉴别亲疏的。到后来，获奖的人并没有感觉多么荣耀，而没有获奖的人，也对该奖项充满了不屑。

这样的荣誉，乍一看也属于团队荣誉。但实际上，它是彻彻底底个人意志的体现，没有公正性，也没有群众基础，所以，仍然可以算作是个人荣誉。

为什么说个人荣誉对于团队的长期建设没有太大的、长远的积极作用？那是因为，荣誉的最大作用，从来不是鉴别团队的先进者和后进者，而是要通过荣誉的象征性，在团队中树立起一种价值取向。我们表彰的，不仅仅是一个人，而是一种工作的方式、态度，一种值得传播和发扬的思想、精神，这才是荣誉的真正价值。

【拓展链接】如何给荣誉赋予更多象征性？

如何才能给荣誉赋予更多的象征性？我们要抓住两个要点：

一、荣誉要有普遍的认可度

一项荣誉，如果不被团队认可，或者被大部分人所漠视，那么它就丧失了意义。不少企业评选"优秀个人""优秀部门"，听起来不错，可是平日里谁也想不起来有这么一档子事儿，只有到了评选发奖的时候，才有些许的存在感。这样的荣誉，毫无意义。

二、荣誉的产生机制要合理

给谁荣誉？给什么样的荣誉？这些问题，不能几个人一拍脑门就定了。要再次强调，荣誉的核心目标，不是奖励过去，而是栽种未来，我们希望企业未来拥有什么样的精神气质？我们希望团队成员能够产生哪些的追求向往？这才是"制造荣誉"时主要考虑的问题。而且，由于荣誉不仅仅是对个人的奖励，也是对团队的激励，所以，荣誉的产生也一定要体现出"团队性"，尽量保持高度的公开透明。

改变从观念开始,改变从自身开始

事物都有正反两面,团队作战能发挥出强大的优势,但偶尔也会产生一些"团队负能量"。作为管理者,要及时觉察到团队负能量的存在,并将负能量的"密度"降到最低,做到趋利避害,更多地彰显团队的益处。

有一个事实要了解:个人在团队中做事情的时候,他的心理状态和处事原则,与他孤军奋战时是完全不一样的。生活里这样的例子很常见:一个在家庭中说一不二、独断专制的人,来到了团队中,却变成了一个瞻前顾后、推诿扯皮的人;一个在朋友面前好爽大方、踌躇满志的人,来到了团队中,却变成了一个唯唯诺诺、不思进取的人;一个在生活中充满朝气、激情的人,来到了团队中,却变成了一个混天度日、只盼下班的人。

类似的变化,究竟是如何产生的呢?怎么才能让一个成员在团队中找到自己的定位,释放自身的优势,规避自己的短板呢?这是每一个管理者和员工,都要着力探索的事情。

首先我们要明白,当员工来到一个团队中之后,他的想法会发生必然性的变化,一些个性化的东西,将会被群体思想所湮没。而且,他的情绪也更容易被煽动,他的服从性也会更高,与此同时,他独立思考的能力会下降。

通常来说，处在团队中的个体，会体现出几个他平时不太容易暴露出来的特征。

第一，团队中的个人，容易有情绪上的惯性和发散性。

无论是在群体中还是在团队中，人们的情绪是有惯性和发散性的。比如：一群人比一个人更容易冲动。这一点在平常的生活中就能够看出来。两个人产生了不愉快或者冲突，大多数都是拌拌嘴就完事儿了。但，如果是两群人产生了冲突呢？后果就比较难控制了。

团队亦是如此。在团队中，一种情绪很容易被复制、夸大，正面情绪是这样，负面情绪也是这样。仔细观察我们身边的一些团队，你很容易发现，那些积极向上、乐观融洽的团队，会越来越阳光，而那些垂头丧气、彼此猜忌的团队，则会越来越阴暗。无论是阳光还是阴暗，其起点可能都是因为一件小事、一个小情绪，这些小事情、小情绪，最终演变成为团队的"个性"和"基调"。

阿明是一家企业的销售团队负责人，如果论资排辈的话，他手下的人在企业中的资历其实都比他要深——阿明是空降来的领导，半路接管了这个团队。

成为团队的管理者之后，阿明总觉得有些不太对劲。因为这个团队中的每个人看起来都挺有能力，但是大家在一起共事的时候，不知道为什么，显得有些死气沉沉，彼此之间除了不得不交流的时候会说上三言两语，其他时候都不怎么接触。

后来，阿明才知道，团队的上一任负责人，是一个极其严肃的人，平时除了工作上的事，不会跟团队成员有任何沟通。而且，此人还有一个特点，就是生怕底下的员工形成小团体，所以，他不仅平日里不组织团队的活动，还经常在团队里"挑拨"大家的关系。

阿明觉得，团队继续这样下去，是不会有什么大发展的。所以，他决定先组织员工搞一次聚餐，来拉近一下大家之间的距离。

初衷是好的，现实却是一地鸡毛：聚餐显得格外无聊，大家敷衍着说一些客套话，言不由衷地恭维着新领导，不冷不热地彼此交谈。阿明觉得气氛太尴尬，决定说一个笑话缓解一下尴尬气氛。

阿明是个很有幽默感的人，讲笑话的水平非常高，这一次他依然发挥了自己的特长，他的笑话讲完之后，好几个人都笑喷了。唯一美中不足的是，坐在阿明对面的一个小伙子，当时正在吃鱼丸，由于阿明的包袱甩得太好、太出其不意，所以这个小伙子直接笑喷，他嘴里的鱼丸直接喷到了桌子上。

刚才还哈哈大笑的一群人，瞬间鸦雀无声，大家盯着阿明不说话，而那个小伙子则连忙道歉。没想到大家不笑了，阿明却哈哈大笑起来，众人不明所以，疑惑地看着他，阿明笑着说："他刚才那一下，好像植物大战僵尸里的豌豆射手。"

众人一想却有几分形似，也跟着大笑起来。笑过之后，阿明说："这一喷，饭是没法吃了，不如今天我做东做到底，大家去KTV，边吃边喝边唱怎么样？"

小伙子赶紧说："我来做东，我来做东。"

阿明说："今天我做东，谁也不许抢，你要做东等下次。"

于是，一群人浩浩荡荡转战KTV，说来也奇怪，经过刚才那一场风波，大家似乎放开了不少。经过几个小时的玩玩闹闹，所有人对身边的同事有了更多的认识——平日里不爱说话的华子，原来是个情歌王子、声通天籁；稳稳重重的老于，敢情是个摇滚歌星。

第二天大家回到岗位上，明显感觉团队内的氛围发生了一些微妙的变化。那天以后，大家协作更积极了、关系更融洽了，团队的战斗力也开始体现出来。而这一切，似乎都来自"豌豆射手"的那一发鱼丸。

让一群人在一起做事很简单，让一个团队一起共事却很难。

每个人在团队中都被别人影响着，同时也影响着别人，这个时候，如果我们给对方施加的影响都是积极的，那么很多障碍就自然而然地被清除掉了，很多负面的情绪也会被消解掉。也只有大家都处在一个情绪健康、态度积极的团队中时，才会将团队的荣誉视为自身荣誉。

第二，团队中的个人，容易变得偏执和专横。

在团队中，如果有一种不良的价值观滋生出来的话，只要它形成了气候，那么团队中的人就会罔顾黑白、不分是非。例如：在有些团队中，"干私活"的风气蔚然成风，一开始还是偷偷摸摸，但是发展到最后，就会变成一种常态。有人胆敢站出来反对这种现象，就会被理直气壮地反驳。

我们一定要知道，个体会借助"数量即正义"之名，行不负责任之事。当团队中的不良现象发展到一定程度之后，想要扭转它就很困难了。所以，作为团队的一员，无论是管理者还是普通员工，一定要防微杜渐，保持自己的是非观和善恶意识。这才是对团队负责任的态度，也是团队荣誉感的体现。

【拓展链接】团队的事实定位

团队从外表上看起来都差不多，但是实际上，不同的团队有不同的事实定位。

第一种团队：一帮人凑到一个办公室里赚钱的团队。

这种团队，没有长远目标，没有良好的组织力，所以团队成员有且只有一个目标——利益最大化。很多初级的销售团队，其实都是如此。在这样的团队中，每个人都会变得唯利是图、不问其他。团队影响着他们中的每一个人，同时，他们每一个人也都在影响团队，只不过这种双向的影响都是负面的。

第二种团队：一群人聚集到一起，为了一个具体任务而工作的团队。

在这种团队中，他们的目标有所升华，大家在为了一个具体的任务而协作。

同样是销售团队，初级的销售团队成员只会考虑"我这一单赚了多少"，而在具有目标任务的团队中，大家会考虑"我们这个团队今年能取得什么样的业绩，我们要攻占多大的市场"。因为有了初步的团队意识和荣誉感，所以大家有了更高的追求，可以暂时地、有限地牺牲个人利益，来成全团队，这已经非常了不起了。

第三种团队：一行人为了一种价值观而团结到一起的团队。

你问第一种团队里的人，你工作是为了什么？他会回答你"生计"；第二种团队的人会回答你"目标"，而第三种团队的人，则会对你说"理想"。

我们不要把理想两个字想得太高，其实它是个很普遍的事情——谁还没点理想？只不过随着人的成长，一个成年人不会轻易跟志不同道不合的人轻易说出这两个字。但是，如果他来到了一个真正有长远规划、核心价值观的团队之后，理想的光辉就会复苏，那种不论成败、悍然无悔的精神状态就会显现出来。这样的团队，会给每一个人一个心灵上的归宿，也会因为个人意志的升华而变得坚不可摧。

运作完美团队的简单模式

很多领导者在进行团队管理时,多数时候都是在做加法,试图搭建起一套复杂的理论,来作为支撑团队运作的基础。他们很少去思考,甚至不敢去想:运作一个完美的团队,是否存在一种"简单模式"呢?

这个世界上最完美的团队是什么?答案可能让你感到意外:不是人类所构建起来的各种各样的组织,而是"蚂蚁团队"。蚂蚁作为微小的个体,却能够成为地球上数量最庞大的生物种群之一,这主要得益于他们团队的三大特质。

蚂蚁团队的第一个特质:有效沟通。

研究发现,蚂蚁是一种特别善于沟通的动物。过去人们认为,蚂蚁是通过气味传递信息,但后来科学发现,蚂蚁还可以通过"跳舞"和触角发出的声音,来相互沟通。

当一只蚂蚁发现食物之后,它会发出气味信息,明确通知附近的其他蚂蚁。而得到信息的蚂蚁,则会把相关信息迅速传递给自己周围的蚂蚁。所以,当一只蚂蚁发现了一个自己搬不动的食物之后,马上就会有其他蚂蚁过来驰援,然后大家同心协力将食物搬回巢穴。

这种沟通是迅速且无私的,先发现食物的蚂蚁,不会因为想要独占一个自己根本吃不下的"大蛋糕",就拒绝分享信息。而其他蚂蚁,也不会因为觉得"发现食物是你的功劳和我没关系",就拒绝将这一信息继续传递下去。所以,蚂蚁的组织,实现了以简洁、清晰、高效的沟通保证发展目标。

蚂蚁团队的第二个特质:控制环境。

蚂蚁是群居动物,他们对于自己的群居环境非常在意,并且能够发动起全民之力,来控制环境。例如,蚂蚁巢穴的温度控制非常重要,因为只有在适宜的温度之下,蚂蚁才能够成功地孵化出幼虫。为了控制巢穴内的温度,蚂蚁会采取一些非常有效的手段,比如将巢穴挖得更深;设计出更能保温的蚁丘等。每一只蚂蚁,都会主动承担起控制环境的责任,所以我们可以看到,为了让巢穴的环境更加舒适,有很多蚂蚁会不辞辛劳地搬运"建筑物资",未曾有一丝懈怠。

蚂蚁团队的第三个特质:分工协作。

蚂蚁的协作机制,主要体现在分工上:蚁后是蚂蚁团队的核心,同时也是责任最大的个体,它要肩负起团队持续生存的责任;兵蚁负责团队的保卫工作;工蚁负责团队中各项具体任务的执行……蚂蚁团队的分工一旦形成之后,个体会兢兢业业完成本职工作,整体会相互协作,保证蚁群的繁衍生息。

从整体上看,蚁群的组织架构其实很简单,维持群体正常运转的管理成本也非常低,但是作为一个团队,它们却能将一个个并不强大的个体凝聚起来,爆发出强大的生命力。

这告诉了我们一个道理:运作完美团队,其实存在着"简单模式"。我们甚至可以说,越是成功的团队,其运作模式往往越简单。

在实际的管理中,很多管理者倾向于把简单问题复杂化,比如:很多领导有话不明说,迫使下属耗费大量的时间和精力去疑惑、猜测。这种做法,不仅消耗了员工的精力,还影响了每一个人与团队的关系。

管理者不要把"人和团队的关系"等同于"人和人的关系",因为在人和人相处的过程中，是能够容忍一些"不可言说"的东西掺杂在关系中的。但是，团队与个人的关系，应该是一种透明的、理性的关系，只有如此，人们才能在团队中很清楚地找到自己的定位，以一种相对低成本的方式，处理工作关系。

我们之前说到，蚁群的效率为什么高？就是因为蚁群团队的基础是——有效沟通＋分工明确＋协作积极，其实这三个要素加起来，形成的一个最终结果就是"定位清晰"。

蚂蚁在蚁群中不会不明白自己需要做什么？其他人能帮自己做什么？自己能帮其他人做什么？自己能够从整体收益中分享到什么？这就使得每一只蚂蚁都能凭借着本能处理好自己与团队的关系，将团队协作的难度和内耗降至了最低。

"简单模式"的团队管理，说得直白、具体一些，就是把一切放在明面上。规矩、制度明明白白，沟通起来效率自然高、分工自然明确、协作自然有章可循，管理起来自然也就简简单单。

一位企业老总，接到了下属的电话。这个下属是市场部的老员工，从公司创立之初就跟着老总，一路坎坷地走到了今天。下属告诉老总，市场部获得一些客户，由于销售部没有及时转化，所以最终客户流失掉了。

老员工很有情绪，希望老总可以和销售部的人沟通一下，敲打敲打他们。

老总听了员工的话，说道："这件事情你为什么不直接和销售部的人沟通呢？"

"我沟通没有力度，还是希望您亲自出面，这样才能更快地解决问题"，老员工说道。

老总说道："平级之间出现了问题，首先要平级沟通，沟通无果之后，才可以向上一级反应，这是公司的规定，你就按规矩去做就好了。"

这位老总的做法对不对呢？很显然是正确的。如果他直接出面的话，尽管表面上可以暂时通过简单的方式解决掉眼前的问题，实际上却是打破了管理的规范，长此以往，就会造成管理的复杂化。因为，一旦"明面上"的规矩被打破，沟通的原则丧失掉了，那么协作的障碍就会成倍增加，团队内的环境也就被破坏掉了。

我们还是用蚂蚁团队来做比喻———一个蚂蚁在野外遇到了困难，它按照正常的沟通原则，应该就近寻找其他工蚁帮忙。现在，假如这只蚂蚁害怕其他工蚁不配合自己，直接去找到了蚁后，提出让蚁后亲自出面，指派其他工蚁协助自己，会怎么样？

如果它真的这么做了，并且成功了，那么以后整个蚂蚁团队的管理就会被复杂化，其协作效率也必然会降低。更可怕的是，这一行为在团队内部形成了"负面的风气"，会破坏整个团队的环境。

在团队管理中，我们应该让个人与团队的关系尽量简单化——简化沟通流程，减少管理层级。而这一切，其实都建立在团队管理公开化和透明化的基础之上。

可能有人会说，简单的管理模式，只适应于小企业，大企业人员众多、组织架构复杂，当然不能用简单的方式进行管理，需要更复杂的管理体系，才能支撑起公司的运作。

事实是这样吗？显然不是。

小米公司作为一家世界五百强的企业，它在管理上采取的也是"简单模式"。

小米公司的组织，完全是扁平化的。七个合伙人各管一摊，基本的组织架构其实就三个层级：核心创始人——部门领导——员工。高层的任何决策，都能在短时间内下达到基层，而且由于管理层级少，所以小米内部的大多数协作都是属于"同级协作"。

不仅如此，小米还确立了"将简单进行到底"的管理策略，一个团队如果规模逐渐扩大的话，到了一定的程度之后，就必须要拆分开，变成项目制的独立团队。

小米的管理方式简约到了极致，也因此，他们成为一家不需要怎么管理，各个团队就可以自我造血的公司。还有一点，恐怕很多人都不知道，在小米公司，除了七个创始人有职位之外，其他人全部没有职位，都是工程师。因为没有层级、没有职位，所以大家都是同事，可以围绕工作展开深度的、高效的沟通。也正是因为没有层级、没有职位，所以员工在协作的过程中，没有太多的顾虑，可以更加随性地发挥自己的特长。

反观现在很多只有几个人或十几个人的小团队，在管理上都显得格外困难。其实从技术层面来讲，小型团队的管理没有那么复杂，之所以会出现管理危机，就是因为这些团队缺乏公开透明的沟通机制、协作机制，整体的环境朝着波谲云诡的方向越走越远。

例如，有些企业的管理者把小道消息变成了主要的信息获取渠道，这就等于主动破坏了团队的透明程度，把很多简单的事情搞复杂了。这样的风气一旦形成，团队成员之间的沟通就会出现问题，因为大家在话说的时候，都要留个心眼，生怕自己哪句话说的不对，就被捅到上面去。在这样的环境中，怎么可能形成有效的协作？

创建团队管理的简单模式，从形式上讲，我们只需要记住三个关键词——沟通、协作、环境；而从本质上讲，我们也只需要记住三个关键词——简单、透明、公开。

足矣。

【拓展链接】一定要警惕的第三者效应

一般来讲，团队合作应该做到"对应协作"——员工和员工的沟通、协作；部门和部门的沟通、协作；上级与下级的沟通、协作。不管是多么复杂的团队合作，其合作模式都是由一个或多个"双向关系"形成的。

如果在双向关系中加入了第三个关系，比如在员工和员工的沟通、协作中，引入上司的影响力，将其作为沟通、协作的谈判资本；部门和部门的沟通协作中，引入总部的影响力，将其作为迫使对方屈服的助力；上级和下级的沟通、协作中，引入"告密者"的言论，将其作为信息的渠道……这种将"第三者"纳入沟通、协作体系的行为，就会带来管理上的"第三者效应"。

第三者效应会在短期内降低某一方的沟通、协作成本，但是从长期来看，会增加整个团队的管理复杂性。所以，无论是管理者还是员工，都要警惕"第三者"，不要让"第三者"的介入，打破团队的合作平衡。

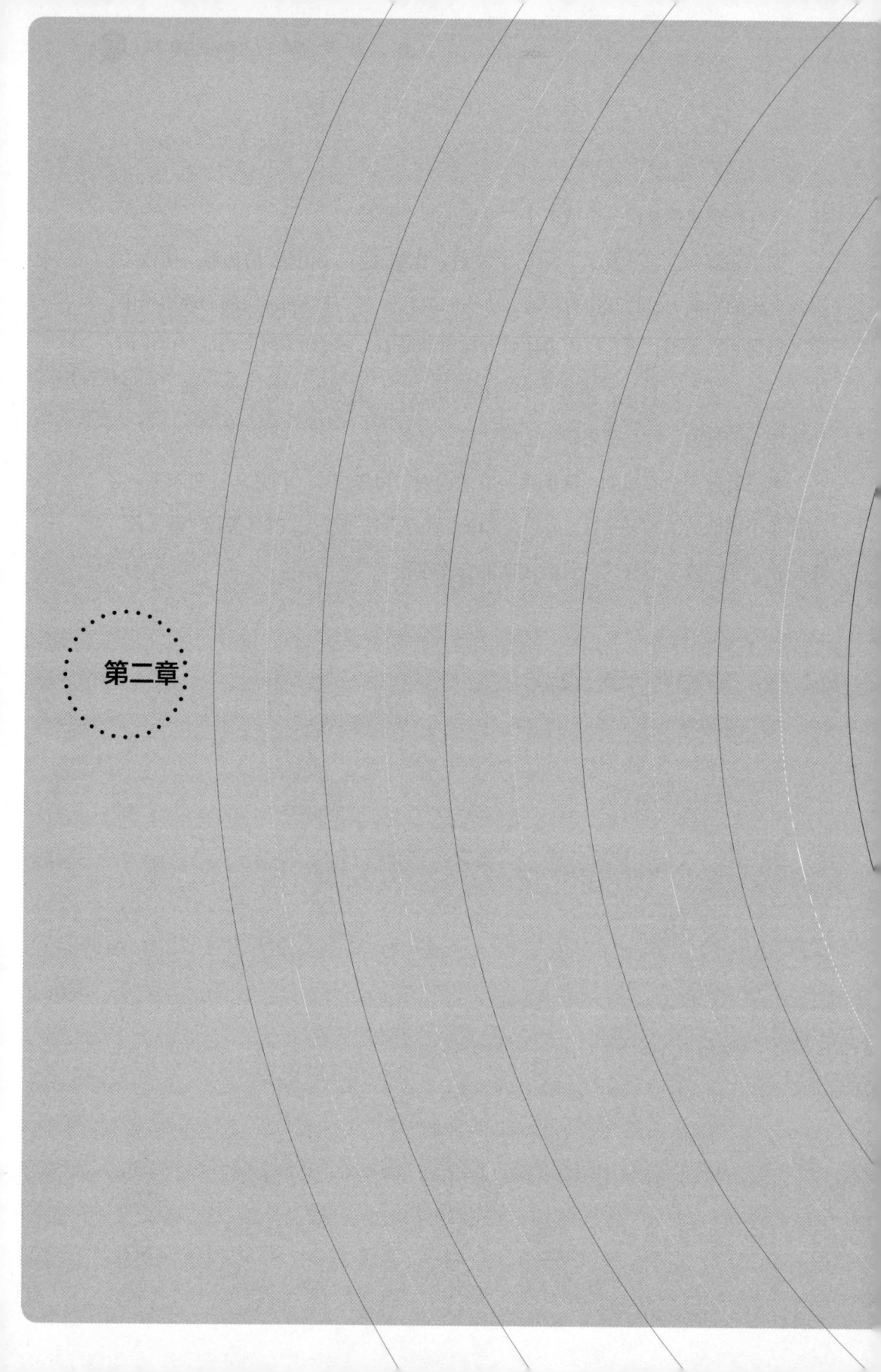

第二章

评价 | 荣誉是勋章，也是救赎

科学考评很重要

团队想要朝着正确的方向走，并且始终保持活力和战斗力，离不开科学的考评机制。科学的考评机制，可以帮助团队在前进中准确地锚定道路，让每个团队成员都清楚地知晓自己在团队中的作用和位置。

我们做任何事情，都要遵循三部曲：目标——原则——方法。

科学的考评，首先应该树立一个科学的目标：是为了人员升迁、降级而考评？是为了给工资发放提供依据而考评？还是为了岗位调整而考评？这是需要首先搞明白的事情。

有了目标之后，我们就要设立相应的原则：如果是为了工资发放而考评，那么就应该以"业绩贡献第一"为原则；如果为了岗位调整而考评，就要以"岗位贡献"为原则。

有了目标和原则，才能最终设置出科学的考评方法。如果把这套逻辑搞反了，很容易变成为了考评而考评，那就没有意义了。

某团队的管理者认为，自己的团队已经进入了"瓶颈期"，为了给团队注入新的动力，他决定修改已有的考核制度。但在修改考核制度时，他没有考虑具体的目标，自然也没有树立考核的原则，而是把一些所谓的"先进考核制度"生搬硬套地应用在了团队中。

很快，负面作用就显现出来了。那些大企业的考核制度，其目标是管理几百人、上千人，所以运用到一个只有几十人的团队中之后，难免有些生硬。比如，他们的团队原本没有所谓的"每日工作总结制度"，可管理者照搬了这项制度，要求员工每天都要写总结，并且把这个总结的质量作为一个考核的标准。

实际上，对于小团队来讲，大家每天干了什么、取得了什么样的效果，他这个团队负责人不用看"总结报告"，也是一清二楚的。可为了和先进接轨，他还是命令员工要把这项制度贯彻下去。让他没有想到的是，自己的小团队并没有大企业那样严格的分工制度，很多员工都是身兼多职，这就造成了在写这个总结报告的时候，员工需要花费太多的时间，无形中给员工增加了不少工作压力。

没过多久，员工就开始有怨言，并且多数人都在以敷衍的态度对待这项制度。管理者很不满意，认为员工不懂得服从要求，双方的隔阂也因此日渐增长，最后甚至影响到了正常的沟通和交流。团队的工作效率非但没有提升，反而下降了。

这位团队负责人的问题，就在于他在设置考核的时候，只是为了考核而考核，没有明确自己的考核目标和考核原则。团队管理者要知道，每一个团队都有自己的目标，进而也应该有自己的原则，照搬别人的制度，很可能造成搬来的这个制度与自身目标、原则不相匹配，一旦发生此类情况，再好的制度，也发挥不出正面作用，反而会变成累赘。

在设置考核标准的时候，我们要遵循一个基本原则——"实用且有效"。也就是说，你的考核制度应该是为更好地促进团队发展而服务的，你的考核制度应该与团队目标相匹配。具体来说，考核制度应该满足团队三个方面的要求。

首先，要满足组织战略与经营规划的需求。

在设计考核制度的时候，首先要考虑它是否符合团队的组织战略和经营规划。举个例子，我们的组织战略是"兵精将广"，那么团队考核制度就应该以"选拔精英人才"为重点；我们的经营规划是"质量至上"，那么就应该以质量考核作为考核制度的重点；如果是"客户至上"的经营理念，那么考核标准就应该以"客户满意度"作为重点。

考核制度不能眉毛胡子一把抓——既要求员工准时准点、又要求员工灵活机动；既要求员工要质量第一，又要求员工"效率至上"。员工不可能把所有事情都做到十全十美，每个人的精力有限，在工作中必然会有所侧重。为了指引团队成员去做团队最需要他们做的事情，我们一定要在设置考核制度的时候，明确"关键绩效指标"。

其次，要满足部门职能与岗位职责的需求。

每一个部门、每一个岗位，其职责都是不同的。所以，在设置考核制度的时候，要考虑到不同部门和不同岗位的不同需求。

举例来说，客服人员最需要做到两点，一是准时；二是服务态度好，因此考核标准就应该以到岗准时率和客户满意度作为重点。业务人员需要他们发挥主观能动性、开疆掠地，因此就应该以绩效作为重点。假如用客服的考核办法去考核业务人员，结果就是你的团队中会出现一大批"朝九晚五、兢兢业业，但就是不出单"的业务员；假如用考核业务员的办法去考核客服，结果就是客户需要服务的时候，很可能找不到人。所以，在设置考核标准的时候，不能眉毛胡子一把抓，更不能搞一刀切，要让制度更有针对性。

最后，要根据绩效短板与不足设置考核。

一个准时准点的团队，没有必要再推出一个新的考核标准，来规范"时间考核"。只有那些拖拖拉拉、迟到早退现象严重的团队，才有这方面的需求。所以，设置考核，不是为了"丰富考核标准"，而是要本着"缺什么、考什么"的目标进行考核。要对员工绩效中存在的"短板"和不足进行考核，以达到绩效提升和改进的目的。

【拓展链接】适用于大部分团队的考核原则

由于每个团队的目标不同，所以考核的原则也存在差异，但总体来说，有几个原则可能是大部分团队在设置考核制度时，均要重点参考的原则。

一、针对性原则

针对性原则，就是指要在考核中明确两件事情——考核的是谁？评价的是哪种能力？

二、关键性原则

每一个考核制度，都应该有一种关键的"抓手"，比如：你要考核客户满意度，那么就必须找到一个衡量客户满意的办法，这个办法就是关键抓手，如果找不到这个办法，你的考核是没有意义的。

三、明确性原则

对于考核的方法以及考核的结果，都要给出明确的说法，不能模糊处理。例如：酌情、适当这类模糊性的词语，不应该出现在考核办法中。

双轨制评价：业绩与荣誉共存

团队评价，是一种看似微小，却可以带来永久威信的荣誉。正面的团队评价，对于员工在团队中增强存在感，发挥着关键性的作用，甚至有一锤定音的作用。

团队评价可以分为两种不同的评价方式——能力评价和业绩评价。

业绩评价是个非常量化的评价体系，孰优孰劣、谁高谁低一目了然。正因如此，很多企业将业绩评价作为重要的，甚至是唯一的评价体系。但我们应该知道，如果一个企业仅有业绩评价，任何荣誉都围绕业绩而产生，往往会带来一些负面的作用。

从小处看，容易造成"唯利是图"的团队氛围。对此，可能有人会说，企业、团队的目的就是盈利，唯利是图也没有坏处。这句话或许没错，但它还会带来一个"大麻烦"，即形成一种吃肥肉的时候一拥而上，啃硬骨头的时候避之不及的团队文化。这才是仅有业绩评价而无能力评价，最终可能会产生的最大恶果。

小郭最近来到了一家新公司，这家公司的产品在市场上很受欢迎，客户的订单络绎不绝。所以，他们的销售团队也非常庞大，小郭有幸成为这个庞大的销售队伍中的一员。

来到新团队之后，小郭花了一点时间了解身边人的工作方式。他发现，与之前的单位相比，这家新公司的同事们更有狼性，更有激情，所以公司的业绩普遍不错。可与此同时，新团队也存在着一些问题，那就是对客户的资料缺乏妥善管理，更缺乏有效的回访机制和服务机制，这就造成很多订单都是一锤子买卖，回头客很少。

小郭认为，自己对公司的业务还不太熟悉，可以先从整理团队公开资料入手。通过这项工作，小郭一方面熟悉了公司的客户群体，另一方面也能够为团队的长远发展做出一些贡献。所以，来到公司的第一个月，小郭花了一番功夫整理团队里的客户资料，并且创建了一个公开的资料库，使得其他同事也可以调用团队的共享资料。

小郭的工作很快取得了效果，团队里其他员工对于客户的情况更加了解了，而且通过对资料的整理和归纳，大家对于客户的深度需求也有了进一步的认识。团队的业绩在资料库成型之后，百尺竿头更进一步。

小郭的做法引起了上司的重视，领导惊喜地发现，这个共享资料库，调动了团队内部相互协作的热情。没有共享资料库之前，大家都是各干各的，可是现在，大家经常会围绕共享资料库提供的信息，结合各自的特长进行业务分配，按照任务的难易程度决定是单兵出击还是配合作战。

然而，过了一段时间之后，企业进行业绩考核，为团队作出贡献的小郭，销售业绩非常一般。这时候，上司有些为难，小郭对团队的贡献是有目共睹的，可按照公司的"规矩"，在业绩考核中处于落后位置的员工，可能会被"末位淘汰"，而这项工作，具体由人事部门负责。

为了避免小郭被"淘汰"掉，小郭的上司找到了人事部门，说明了情况。结果，人事部门的负责人却说："末位淘汰是老总定的规矩，虽然你这种的情况特殊，但我们不能开这个先例。"就这样，为团队做出了大贡献的小郭，因为业绩评价不合格，于三个月后被淘汰。

在以上实例中，由于团队的评价机制过于单一，造成了人才的流失，这对于企业来讲是不利的。所以，大多数企业其实更加适合双轨制评价体系——让业绩评价和能力评价共同发挥作用。通过绩效评价，来让团队充满竞争的狼性；通过能力评价，给团队注入理性。

在团队管理领域，有一个著名的"懒蚂蚁效应"，就非常明确地指出了这一点。

懒蚂蚁效应，是一个源自生物学领域的概念——日本北海道大学进化生物研究小组，曾经分别对三个由30只蚂蚁组成的黑蚁群进行观察。观察发现：在蚁群中，绝大多数蚂蚁都很勤快地寻找、搬运食物，但是却有极少数蚂蚁整日无所事事，终日在野外闲逛，东张西望，人们把这些少数蚂蚁叫作"懒蚂蚁"。

在很多人的意识中，这些懒蚂蚁是团队的"毒瘤"，应该除之而后快。但是科学家们却发现，在蚁群失去稳定的食物来源之后，那些平时辛勤工作的蚂蚁，会表现得一筹莫展。此时，那些懒蚂蚁们则会挺身而出，它们会带领着同伴向自己早已侦查到的食物源转移。

原来，所谓的懒蚂蚁，并不是无所事事的蚂蚁，而是不参加具体工作，负责"侦查"和"开拓新领地"的蚂蚁。它们能够发现潜在的危机，并且在危机真正降临之前，提前找到解决危机的方法。

一个成功的团队，应该和蚁群一样，给"懒蚂蚁"提供一个适量的生存空间。所以，在设置奖惩机制的时候，应该考虑设置双轨制的评价体系，不能以业绩作为唯一的评价标准。著名管理学专家米契尔·拉伯福也说："如果我们一心讲究实绩、注重实效，到最后往往奖励的是那些专会做表面文章、投机取巧的人。"

为了给"懒蚂蚁"生存的空间，同时杜绝团队文化走向唯利是图的境地，在设置考评标准的时候，我们要用到两个体系——任职资格体系和能力素质体系。

所谓的任职资格体系，就是要从称职胜任的角度出发，对员工能力进行等级评判。与之相反的评价体系就是，末位淘汰体系。有很多企业为了唤醒员工的危机意识，激励"后进者"，采取了末位淘汰的评价体系。这个体系可以在短期内激发员工的斗志，但是长期来看，却具有很大的不确定性。

正所谓：老虎也有打盹儿的时候！我们可以想象一下，如果一个能力非常突出的员工，在某一段时间因为某种原因，业绩下滑、连续排在末尾，这个时候怎么办？如果严格执行制度的话，没什么好说的，就应该"淘汰"他。

问题是，管理者明明知道他是有能力的，业绩突然下滑也是因为某些客观因素的制约，而且这种情况是暂时的，如果草率淘汰他的话，对于团队来讲将会是更大的损失。这时候，管理者可能会想办法网开一面。但如果管理者主动打破了既定的制度，那么就会造成另一个更大的麻烦——管理者公信力下降，给日后的管理埋下了一颗定时炸弹。

如何避免这种状况的发生呢？答案就是，引入任职资格评价体系。

在管理中，我们要对一个员工是否具备任职资格加以动态评判。如果一个人的各项能力都没问题，也在具体的业务中证明过自己的实力，这时候我们就可以给他一个实质的，或虚拟的任职资格的"证明"。有了这个证明，即便是在某一段时间该员工表现失常，只要他没有给团队造成巨大损失，那么也可以避免被末位淘汰。

相反，那些没有证明过自己的能力、取得过上佳业绩的员工，就不具备这个证明，因此他们处在末位淘汰的序列中。如果在规定时间不能取得要求的业绩，公司可以按照既定的制度予以相应的"处罚"。如此一来，就避免了唯业绩论的片面性，同时也实现了激励员工不断奋进、保持紧迫感的目标。

另一方面，这个任职资格的证明，也可以视作一种团队荣誉。它的存在，就如同古代的免死金牌，最大的作用不是"免死"，而是对功臣的嘉奖和肯定。

第二种体系是能力素质评价体系。

我们如何评价一个人的能力素质？首先就是可以量化的业绩，因此，能力素质评价体系和业绩评价是紧密相关的，但能力素质评价体系又不仅仅只有业绩的评价，还包括团队性评价、长期价值评价两个部分。

简单来说，团队性评价指的是"员工依靠自己的能力，给团队业绩加了多少分。"假如团队中有这样一个员工，他自己的业绩不突出，但你发现，他非常善于和其他同事"打配合"，其他员工的业绩里，有属于他的一份功劳。对于这样的员工，就要引入团队性评价。

具体来说就是，在我们对一个员工"定性"的时候，要广泛征求团队成员的意见，如果所有人都认为，该员工在团队中的价值很重要，那么即便他的"纸面成绩"不那么理想，我们也要考虑给予他一定的"加分项"。人们常说，法理不外乎人情，意思是说国家的法律都要照顾到人情的因素，更何况我们一个团队的制度呢？如果惩罚一个人，会招致团队其他人的不满，这样的事情就不要去做，因为它不利于团队的建设。

以上，便是团队性评价的方法和意义。

长期价值评价，指的是有些工作在短期内可能无法体现价值，但是具有长远意义。如果一个员工正在从事这样的工作，那么短期内他的业绩肯定会下降。如果我们仅仅依据短期的业绩表现，惩罚了这样的员工，往往就会造成米契尔·拉伯福所警示的现象：专会做表面文章、投机取巧的人，将成为团队的主流。这对于团队管理，是非常不利的。

总而言之，在团队评价中，我们要执行双轨制评价体系，包括任职资格体系和能力素质体系。任职资格评价体系，我们可以把它理解成一个"职称"评选，在团队里"职称"越高的人，也就应该获得更高的"容忍度"，因为他们值得团队去观察、去等待。能力素质评价体系，是一个全面考核体系，评价的是员工"个人业绩＋团队业绩"总和，需要我们根据客观的业绩数据和主观的团队反馈来综合评价。

如果我们能建成一个科学的、全面的评价体系，那么整个团队就会以一种自发的、顺畅的姿态运转起来。反之，如果评价体系不健全，那么管理团队就如同驾驶着一台十年没换过机油的汽车，行走在高速公路上——不仅很吃力，还随时有抛锚的危险。

正如管理学家琼·玛格丽塔所说："无法评估，就无法管理。"而另一位更加知名的管理大师彼得·杜拉克也说："你不能衡量它，就不能管理它。"这些言论，都充分证明了科学评价的重要性，值得我们去重视。

【拓展链接】评价机制的"平衡法"

建立评价机制要做到两个方面的平衡。

一、人与工具的平衡

在全自动办公的大背景下，我们可能会引入很多现代化的"评价工具"来对员工进行评价，例如钉钉等软件程序。工具的好处在于客观，不会弄虚作假，但它的缺点是比较"冷血"，不能进行人性化评价。所以，公司在建立评价机制时，要做到人和工具平衡——既要合理利用工具，又不能完全依赖工具。

二、人与人之间的制衡

在进行评价的时候，不同立场的人有不同的侧重点，比如 HR 和同事对某个人的评价可能不一样，领导和下级对某个人的评价也可能不一样。我们要做到全面听取，综合考量，才能获得最终让所有人都接受的评价结果。

让荣誉成为团队中的"硬通货"

很多管理者认为，员工最重视领导的看法，同事们对自己的评价相较而言不那么重要。这一认识从表面上看似乎合乎情理，但事实可能与我们的固有认知有一定的差距。

美国管理学家 W.G. 大内通过广泛研究和深入调研，发现：人们最关心的是与自己同等地位的人对自己的看法，这也是被广泛认可的"大内定律"。大内定律揭示了一个人类的普遍心理——乞丐对百万富翁虽然很尊敬，但无论百万富翁如何评价他，都不会对他的心态造成特别大的影响。相反，他更重视的是另一个乞丐对自己看法。

普通人也是这样，在生活中，谁的评价最能触动我们的心灵？儿童时期，是一起玩的伙伴；读书的时候，是身边的同学；工作之后，就是团队中的同事。大内定律认为，距离我们越远，和我们差距越大的人，对我们的影响就越小；距离我们最近，身份和角色与我们差不多的人，其实对我们的影响是最大的。

由此可知，在每个人的内心世界里，最关注、最在乎的，其实是身边人。与此同时，他们的主要比较对象，也是身边人。因此，在工作中，人们总是以同事为"准绳"。一方面，我们希望获得一个和同事平等竞争的环境；而另一方面，人们也希望能够获得同事未曾获得的荣誉，借此来建立自己在团队中的威信。正因为有这样的心态，所以员工才会对那些公正公开的团队荣誉特别在意。

那么，什么样的荣誉才是团队中的"硬通货"呢？

第一，荣誉要公开公正。

公开，意味着"荣誉"可以成为"获得者"提升同事对自己认可度的一个"圣旨金牌"；而公正则决定了这个"圣旨金牌"的含金量。不公开的荣誉在员工心目中，如锦衣夜行，虽然不是毫无作用，但毕竟效果大打折扣；而不公正的荣誉，则无法有力地提升其他团队成员对获得者的正面看法，如此荣誉，不仅很难产生积极的作用，甚至可能带来负面的效果。

第二，荣誉要值得不断追逐。

赋予员工荣誉，不能像吹泡泡，第一个人摸到空中飘荡的泡泡时，它就碎掉了，其他人也就失去了对这个泡泡的兴趣；应该像采蘑菇，一群人去采蘑菇，有一个人采到了第一个蘑菇，那么其他人都会很高兴，因为他们知道，这地方确实有蘑菇，只要自己努力，就一定可以采到蘑菇。只有值得不断追逐的荣誉，才是好荣誉，那种"一锤子买卖"的荣誉，只能短期内激励某个人，对于团队的整体提升，没有太大的作用。

说过了"硬通货"荣誉的设置思路之后，再来说它的产生机制。

为了让荣誉称号能够得到员工的广泛认可，在评选荣誉的时候，很多企业选择了员工互评的方式。这是一种增加荣誉含金量的好办法，但在具体实施的过程中，一定要掌握合理的互评机制，才能激发最佳的效果。

在大多数员工进行互评的过程中，我们会发现，在评价别人的时候，大家都倾向于给同事一个与自我评价差不多，或者稍微低于自我评价的"分数"。这一现象其实是很正常的，因为大部分人的"自我评价"都是高于现实的。

随着互评机制的不断推进，我们会发现：从局部来讲，员工互评是"片面"

的；从整体来看，通过多人、多次的互评，是可以有效甄别"哪些员工在同事心目中更加优秀、更有信服力"的。所以，在进行员工互评的时候，我们要特别重视对"大数据"的整理和应用，不要去特别纠结于一时、一人的具体评价，而是要去整理一段时间以来，多数人对某个人的普遍评价，这样的结果才是最有参考价值的。

例如：在进行首次互评的时候，大多数人对员工 A 的评价都是有褒有贬的，但是所有人都认为该员工"工作努力积极"；第二次互评的时候，有些评价发生了变化，但是"工作努力积极"这一条依然是普遍的评价。那么，我们就可以认定，该员工确实有这方面的优点。

当我们把员工互评当成一种常态化机制的时候，就要对这一机制进行维护。如果长时间不加干预、任由它发展的话，员工互评最后会走向几个极端。

第一个极端是"愉快地互相吹捧"。

很多团队搞员工互评，搞到最后发现，员工之间谁也不得罪谁，在互评中大多数都是相互吹捧的内容。从侧面来看，这是个好现象，证明团队成员之间的关系比较和谐。但如果总是互相吹捧，这一机制就失去了"发现问题、解决问题"的功能。所以，当这一现象出现后，我们要适当地加以干预，比如：进行不记名互评，且要求必须指出一些实质性的问题。借助这些干预的手段，让机制恢复它的功能。

第二个极端是"成为整人工具"。

有时候，员工互评会朝着比较"恶"的方向发展，因为它给团队成员提供了一个合理批评的平台，有些人就会把批评扩大成"攻讦"。

"你对我没有好话？好！你等着，下次看我怎么搞你！"这样的心态一旦成为多数人的想法，互评机制就变成了吵架平台，不仅对团队无益，更成为团队矛盾集中爆发的出口。

要解决这个问题，就得遵循四个字：实事求是。同事的缺点不是不可以讲，但是要基于事实来讲，对于无中生有、捕风捉影、乱扣帽子的批评方式，从一开始就要杜绝。

解决了互评机制极端化的问题之后，我们就能够通过团队互评，来产生让所有人都信服的评价结果。基于这个结果，可以确定在团队中谁更有资格获得荣誉。通过良性的互评所产生的荣誉，会成为团队中的硬通货，因为它代表着大多数人的意见。每一个团队成员，都会非常希望获得这样的荣誉，且获得荣誉的人也会得到大多数人的真正认可，在团队内拥有更高的威望，荣誉的含金量也就提升了。

【拓展链接】互评机制的三要素

互评机制想要取得更好的结果，一定要满足三个要素。

一、打分权重必须合理

由于互评机制是一个补充机制，所以互评在很多团队中不能够决定最终的荣誉归属。但在有些团队中，互评机制的打分权重太低，比如：互评只能对最终的结果产生10%的影响，甚至更低，这样的话，就会让团队成员觉得"互评就是走个过场，没必要太认真"。

一个团队，要么就不采取互评机制，如果采取了，它的打分权重就应该超过50%，也就是说，当所有员工都觉得某个员工应该成为最终的"荣誉员工"时，十次评选他最少有五次获得了这项荣誉。如此一来，员工才会觉得互评有用，才会认真对待。

在团队管理中，一个制度出台之后，必须要让员工感受到制度是可以实实在在发挥作用的，如果一个制度让员工感觉到没用，那么这个制度最好不要摆出来，否则会影响团队整体的"公信力"。

二、尽量采取匿名评价

采取匿名评价，可以让互评更坦诚，更公正。当然，匿名也有缺点，就是人们可能会说一些不负责任的话，需要团队管理者去主动鉴别。但如果不匿名的话，互评就十有八九会言不由衷，因为对于多数人来讲，不匿名的互评就相当于当面批评同事，这是他们不愿意做的。

三、上下级评价同时进行

有的团队喜欢把上下级评价分开进行，或是领导先评价，或是领导后评价。其实，两种方式都不太好。领导先评价的话，相当于你事先定了一个调子，别人即便有点其他想法，也不好说出来了。领导后评价的话，无论你怎么说，别人都会觉得你是在"和稀泥"，如果你和大多数人想的不一样，他们就会怀疑你的动机。因此，不妨把上下级评价放到同时进行，提升互评的含金量。

赢回荣誉：给员工自我救赎的机会

勇敢的人，不是不落泪的人，而是愿意含着泪继续奔跑的人。

很多优秀的管理者，信奉波特定律。这一定律告诉我们——批评是管理必要的手段，但绝不是主要手段，不要总盯着下属的错误。

从来不批评下属的管理者有懒惰的嫌疑，但不能掌握批评方法的管理者却是愚笨的。团队管理者要知道，批评绝不是苛责和谩骂，我们应该让批评应成为一种激励方式。而且，所有的批评都应该建立在所犯错误事件主体的基础上，任何时候不要搞"扩大化""衍生化"。

人这一辈子，谁都会犯错。只要不是原则性的错误，有错能改，依然值得信任。作为一个团队，当然不希望成员犯错误，可当团队成员真的犯了错误之后，团队要给他一个自我救赎的机会，让员工有一个把失去的荣誉夺回来的渠道。

在管理实践中，我们总结出了一个规律——一般的团队，当员工犯了错的时候，经常会大惊小怪，好像一个基层员工做错了一件小事，天就要塌下来了。相反，那些真正成熟的团队，他们对于员工犯错这件事情，拥有更高的容忍度。

成熟的团队之所以"成熟"，是因为他们在长期的发展过程中，明白了"人不可能永远不犯错"这一经常被人挂在嘴边却没有彻底领悟的真理。所以，成熟的团队对于即将发生的一切，都有客观的预期，拥有更加全面的应急机制，以及更加系统的弥补方案。

可口可乐公司就是一家不怕员工犯错的公司。

他们将每个员工的工作目标进行透彻分解，具体到每个人、每个时间段、每个区域、每个地点、每名客户、每个产品、每个终端、每次活动。但即便是这样，可口可乐也不认为员工就不会犯错，他们还在每个执行和管理节点，都提供了相关的指导手册和管理手册。在这个指导手册中，专门叙述了如果员工犯错，需要用什么样的方法去解决、去改进。如此一来，员工犯错之后，能够很快地找到弥补方案。

在可口可乐公司，还有专门负责给员工"收拾残局"的管理体系，如果员工犯了错，他们自己又搞不定的话，公司就会派出层级更高的管理者，来到现场进行指导和帮助。

从可口可乐的管理体系我们可以看出，一个团队绝对不能做"每个员工都是完人，他们永远不犯错"的假设；相反，真正优秀的团队，对于员工可能会犯的三种错误，事先就应当有明确的认识。

第一种错误：专业能力不足导致的错误。

有些员工，尤其是新员工，他们缺乏某些必需的专业能力而不自知，因此会犯下错误。

第二种错误：态度不端导致的错误。

有些员工能力没问题，知道该怎么做，却因为懈怠和取巧，从而犯下错误。

第三种错误：自我管理不善导致的错误。

有的员工，能力没问题，态度也基本端正，但因为不懂得如何有效管理自己的时间，或是没弄清楚工作流程和目标，导致了错误。

无论是团队管理者，还是团队成员，都要对这三种犯错误的原因有明确的认识，一来警醒自己少犯错误、不犯错误，二来也可以提醒身边的同事不要犯错，提高团队的整体执行力。

对于那些因为专业能力不足而犯错误的员工，前期要给他布置一些容错率比较高的工作，同时对他加以悉心教导，直到他掌握了本团队所需的基本技能之后，再委以重任。

对于那些因为态度不端正而犯错误的员工，一定要经常"敲敲打打"，让他意识到自己的问题之所在，才能从根本上杜绝问题的发生。

对于那些因为自我管理不善而犯错误的员工，就需要我们的团队管理者出马，去帮助他、引导他，给他一个从"被管理"到"自我管理"的上升通道。

另外，作为团队的一分子，我们还应该经常思考一个问题——假如犯错的是我，该怎么办？特别是团队负责人，常常因为碍于面子，对待错误的第一反应是掩饰，总想着大事化小、小事化了，自以为能够悄无声息地弥补错误。最终的结果呢？往往是小错拖成了大错，大错拖到最后一发不可收拾，这是团队不能承受之"重"。

在工作中，面对错误，我们应该采取一些手段去弥补。

首先，及时汇报。无论是团队负责人，还是普通的团队成员，犯了错误之后，都要在第一时间向上汇报。你汇报得越及时，留给团队纠正错误的时间就越多。不要觉得我犯了错误是"天理不容"的事情，还是那句话，这世界没有不犯错误的人。从某种角度而言，错误是团队通向成功必须要付出的一个代价。

一个成熟的团队，在衡量成员的功过时，往往会更多地考虑其成绩和忠诚度，而不会盯着错误不放。相反，如果犯了错误不汇报，其实就是对于团队的背叛，这才会影响个人在团队中的位置。

其次，有错就认、挨打立正。这是一个成熟职场人应该具备的素养。团队最怕的不是犯错误的人，而是鸭子都煮熟了，嘴还硬的人，这样的人在团队中属于

"负能量",自私狭隘,没有担当。我们要知道,任何错误,掩饰得再好,最终都有"爆"出来的一天。

所以,犯了错误,站出来勇敢地承认,这才是明智的选择。团队也应该给这样勇于承担责任的人一个改过自新、夺回荣誉的机会。只有这样,整个团队才能形成坦荡做事的风气。

【拓展链接】一分钟管理法则——为错误找一个出口

很多知名企业,都奉行一分钟管理法则,并取得了显著的成效。所谓的一分钟管理法则,是一种良好的激励和引导机制,通过这一法则,可以有效地化解团队中的各项"隐患"。

一、设置一个"一分钟目标"

所谓的一分钟目标,不是一分钟之内要达成的目标,而是可以在一分钟之内说清楚的目标。一般来讲,一个人一分钟可以说 250 个字左右,所以这一目标的文稿应该限制在这个字数之内。篇幅短小精炼,促使人们准备文稿的时候对自己的工作目标进行梳理,以便更明确地知道自己为何而干、如何去干。

二、引入"一分钟赞美"机制

这一机制,就是指领导要花费较短的时间,及时对员工的业绩加以赞美。赞美本身也是一种荣誉,及时的赞美,可以让团队成员更加谨慎。毕竟,一个刚被夸奖了的人,他是不愿意轻易搞砸任何事情的。

三、制定"一分钟惩罚"

有赞美就应该有惩罚,但我们应该将惩罚的成本降到最低。一方面,团队管理者要对相关人员进行及时批评,指出其错误;另一方面,要注意别把事情扩大化,只要达到"惩前毖后、治病救人"的效果,就足够了。

团队评估的方法

一个团队中的成员，如果按照工作状态划分的话，可以简单分成三类：

第一类，杰出的执行者；第二类，普通员工；第三类，无法胜任工作的人。

你属于哪一类？你的同事属于哪一类？你的下属属于哪一类？我们有必要搞明白这件事，如果你不清楚自己属于哪一类，就找不到自身的团队定位；如果你不清楚同事属于哪一类，就不知道谁是更好的合作者；如果你不晓得下属属于哪一类，就很难善用人才。

为了搞清楚一个人的真实定位，我们可以从以下三个方面来着手"考察"。

第一，能力。这个很好理解，就是最基本的技术能力和经验。你交给他一个正常任务，在正常情况下，他是否能保质保量地完成？

第二，判断力。一个人光有基本能力还不行，作为团队的一员，他还必须具备在任何情况下都能施展能力的本事。例如，在巨大的压力面前，他的能力还能发挥多少？在需要暂时作出牺牲的时候，他还愿意不愿意发挥自己的能力？这都是判断力的一部分。

第三，能量。所谓能量，就是看一个团队成员是否能为团队注入正能量。在实际工作中，我们发现，有些员工能力是没问题的，做事情也不掉链子，就是整天牢骚不断、怪话没完，还经常在团队中释放一些消极的信号。这样的员工，他对团队的作用是功大于过，还是过大于功？不言而喻。

当我们有了以上三个考察团队成员的"度量衡"之后，就能够对成员进行一般性的考察了。以上三个条件都满足的员工，就属于杰出的执行者；满足两个，就是普通员工；如果只满足了一个，他就可能属于无法胜任工作的人。

在某个研发团队中，有这样四名员工：

甲：有一定能力，但并不突出。如果是按部就班地执行任务，他很少掉链子，假如有突发状况，或者给他安排一些难度比较高的任务时，他就有点力不从心了。不过，他的优点在于，不管在任何情况下，都会更多地在自己身上找问题，从来不会抱怨同事和领导。

乙：能力很强，能够在各种情况、各种强度下出色地完成工作，但他自视甚高，喜欢背地里批评同事，指摘领导的不是。

丙：能力比甲强一些，但是惧怕压力，喜欢在自己舒适区里工作，如果安排给他一些有压力的工作，他虽然也会执行，却会忍不住发牢骚、说怪话。

丁：能力很强，且能够带动其他同事一起攻克难关，越是有难度的工作，越能刺激他的挑战欲，即便是失败了，也会及时总结问题。有时，他也会对同事或领导的某些做法不满意，但通常都会以比较合适的方式，当面指出来，私底下与同事的关系也不错。

这四位员工，丁毫无疑问属于杰出的执行者；甲和乙，虽然各自都有缺点和不足，但他们也属于团队中的中坚力量。丙，论能力他比甲强一点，但综合考量的话，他对于团队的贡献可能是"负数"，所以，他就属于那种可能无法胜任工作的员工。

在一个人员结构比较简单的团队中，去判断评估一个团队成员的定位，其实是比较容易的。但很多团队的人员结构比较复杂，一个团队中可能同时有市场营销、财务、运营和研发人员，每一个岗位所需要的能力不同，且所需要的人员性格特点也是不一样的。

市场营销的人就需要外向一点、跳脱一点儿；研发人员就要沉稳一些、能耐得住寂寞；运营人员的思维必须要天马行空才行；而财务人员则更需要保守一些、谨慎一些。

在这样复杂的团队中，去评估一个员工的能力，要求我们的管理者能够放下自己的个人"好恶"，以更加客观的评估手段，去分析每一个人在团队中的定位。

为了实现复杂团队的有效评估，除了之前我们所说的"三大"考察项之外，还应该假设一个"情境组合"的考核。

在团队工作中，我们会发现一件"有趣"的事情——有些能力一般的员工，在团队合作中总能够"超水平"发挥；相反，有很多个人能力比较突出的员工，在团队合作中总是呈现出"低水平"的状态。这个时候，我们就要引入"情境组合"的考核方式。

情境组合的考核方式，一般来讲可以分为两种情况。

第一，固定情景的组合。

所谓固定情景的组合，就是指在固定搭配的团队合作中，各员工在工作中所表现出的状态。固定情景的组合，是团队合作中最常见的情景，管理者很容易通过这项考核，来评估团队成员的成立。

第二，临时情景的组合。

临时情景的组合，是固定情景组合的一个补充，有两种情况：一是团队接受了全新任务之后，可能会重新组合成小的执行团队，去执行新的任务；二是为了考察某个员工，管理者"故意"安排的临时情景组合。

举个例子，某员工明明能力很强，可在固定情景的组合中，却总是发挥不出应有的实力，在这种情况下，我们就要考虑：是不是现有的人员搭配中，对于他来讲有所掣肘？为了验证这一点，团队管理者可以将他暂时从固定情景组合中抽调出来，放进临时情景的组合里。

很多时候，一个人的能力究竟怎么样，其实和他所在的"组合"有很大关系。团队关系中最重要的就是人和人的关系。人和人在"趣味相投"的时候，是一加一大于二的；在"言不投机"的时候，是一加一小于二的。所以，当一个人的工作状态不太理想的时候，可能不仅仅是他个人的问题，也许是他无法适应当前的人际关系。为了验证这种可能性，我们可以通过主动设置临时情景组合的方式，去给员工一个客观的评价。

以上就是团队评估的一些基本方法和手段。在评估中，我们还应该谨记一个原则——团队评估的目的，主要是为了发现人才，而不是"寻找后进"。如果你是为了发现人才而考核，考核就会成为团队成员奋进的动力；假如你的考核是为了寻找后进，那么考核就会成为每个团队成员心头的重担，久而久之，"负重前行"的团队步子会越走越慢。

【拓展链接】考核的"线索"

考核需要线索，我们要在团队工作中，不断地发现那些可以帮助我们认识和了解成员的每一条线索。通常来讲，为了找到更多线索，需要在几个方面多加留意。

一、留意重要的会面

尽管我们经常和团队成员会面，但是有些重要的会面，是我们考核团队成员的有利时机。比如：初次见面、委以重任时的交谈、放松状态的私人对话等。

二、留意在同一个情景下，不同员工的反应

在面对相同的问题时，不同的员工会有不同的反应；而这种不同，就是团队成员差异性和比较优势的最大体现。

三、留意员工想说但是没有说出来的话

在日常的工作中，团队成员经常会有欲言又止的情况。此时，他们心里的话虽然难以言说，但那多半是他们的真心话。我们要留意这种情况，如果发现一个员工欲言又止，不妨引导他把心里的话说出来，毕竟这些话最能反映他对事物的真实看法。

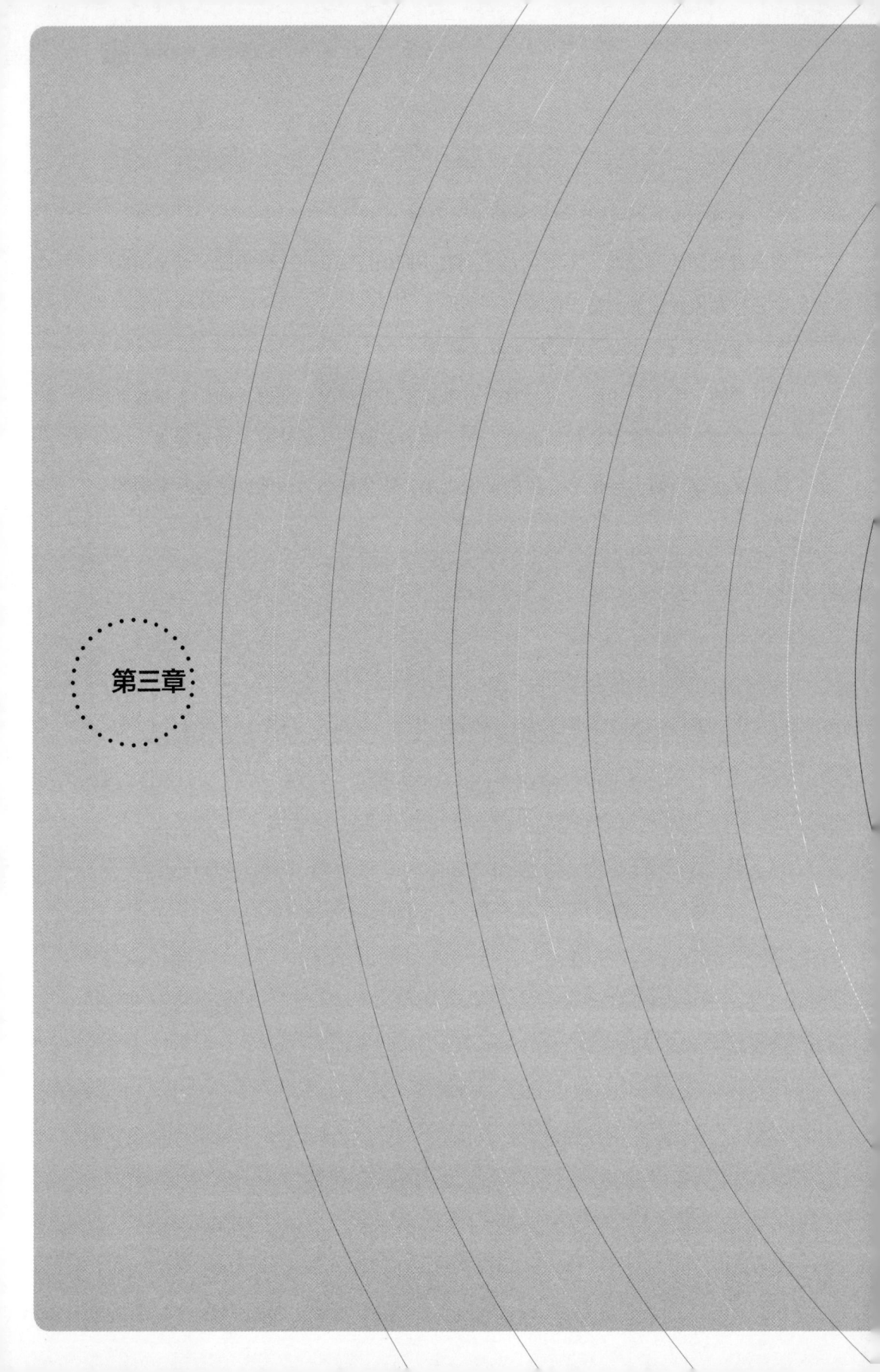

第三章

逆境 | 无论输赢，一起扛！

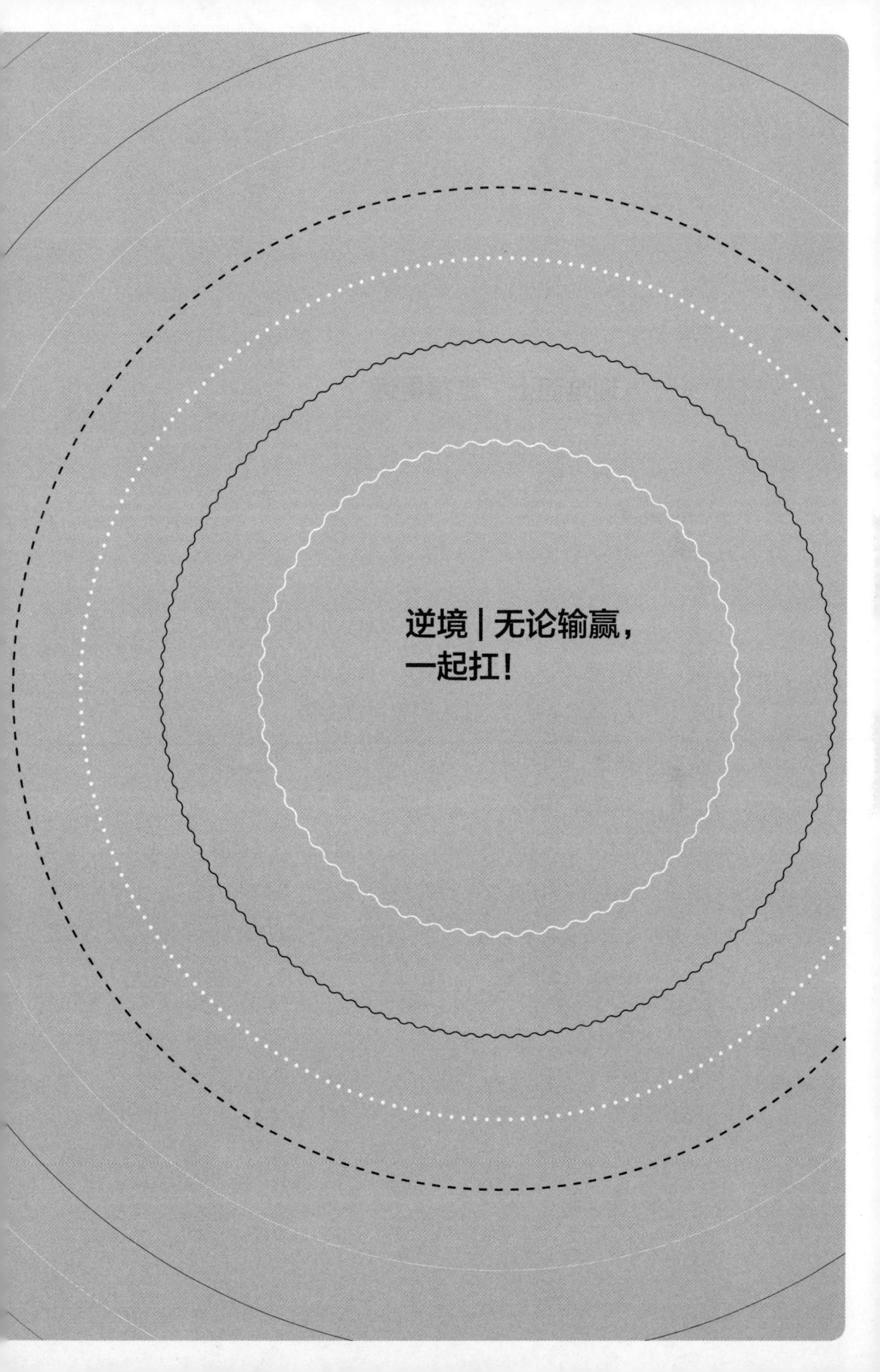

迎难而上，走得更远

很多成功人士认为，一个人想要有所成就，不仅要有智商、情商、财商，更要有逆商，就是在逆境中面对挫折、摆脱困境和超越困难的能力。

其实，不仅个人需要逆商，团队也同样需要逆商。

当遭遇困境时，不同的团队往往会表现出三种不同的"性格"。

第一种："放弃型"团队。

这种类型的团队，在遇到困难的时候，首先想到的是退缩。这是因为，此类团队的成员大都认为："团队成功的话，对我没有什么特别的好处；可团队要是失败了，对我会造成直接的影响。"当一个团队中，有这种想法的人占据了多数的话，那么一旦团队遇到危机，立刻就会变成一团散沙，甚至作鸟兽散。

第二种："坚守型"团队。

团队的困境有两种来源，一种是客观环境发生了变化，导致困境；另一种是团队主观上想要攀登高峰，逼着自己走上了一条千般险阻但前途光明的道路。有些团队，只会等着困难找上门，不会往未知的领域主动走上一步。这样的团队，就是"坚守型"的团队。

然而，坚守型团队最终会发现，在这个世界上，如果你不主动去"找困难"，那么越来越多的困难就会主动来找你。原因很简单，在你原地踏步的时候，别人都在进步，你所要面对的竞争压力会越来越大，困难自然也就越来越多。

第三种："迎难而上型"团队。

这类团队，他们从来不会惧怕困难，因为对他们来讲，困难就是磨刀石，在不断的历练中，他们会越来越强大。

在心理学上，有一个概念叫"习得性无助"，这一概念的发现，被美国心理学会评为20世纪的里程碑事件。1967年，心理学家塞利格曼设计了一个电击狗的实验。实验第一阶段，A组的狗被绳子绑住，并受到轻微电击，只要它们用鼻子碰到眼前的一个控制杆，电击就会停止。很快，所有的狗都学会了用鼻子触碰控制杆，让电击停止。

B组的狗同样被绑住并受到电击，但是它们眼前并没有控制杆。

C组的狗只被绑住，但不受电击。

第二天，实验进入第二阶段。实验者拿来了一个箱子，箱子中间有一个挡板，一侧会受到电击，另一侧不会。将参与过实验的狗放进箱子里，人们发现，A组和C组的狗，会本能地跳过挡板，逃离电击，而B组的狗被电了之后却不会躲避，只会躺下来呜咽呻吟。

B组的狗为什么如此"逆来顺受"？只因它们经历过了"无论做什么都没办法逃脱困境"的心理过程。所以，即便是它们有能力摆脱困难，也会选择任由困难肆虐而不采取任何行动。科学家管这种心理反应，叫作"习得性无助"。

团队也是如此，如果一个团队总是在被动地接受困境，从未尝试过改变"命运"，那么到了最后，即便是面临可以解决的问题时，他们也丧失了行动的底气和勇气。而且，越是经常失败的团队，越会为自己的失败找借口，越善于"忘却"自己的失败，到最后，就变成了总是在失败，却不知反省、不知奋进。

一个团队想要走出"习得性无助"的泥潭，需要从三个方面努力。

提高团队的掌控感

社会心理学有一个现象叫作"自我实现预言",简单来说就是"相信我能把事情做成功,是最后取得成功的重要因素"。一个团队,应该拥有这种"自我鼓舞"的心理基础。当我们面对困难的时候,首先要相信自己能克服困难,才有面对困难的勇气。如果连自己都不相信自己的能力,那么在困难面前,整个团队就会分崩离析,难以组织起有效的"反攻"。

提升每个团队成员的担当力

遇到危险的时候,一般人的本能反应都是"躲"。作为一个团队,要克服这种人性的弱点,营造一种遇到困难、争相奋勇的氛围。对于那些能够在关键时刻自告奋勇挺身而出的团队成员,团队要对他的行动给予足够的支持,即便最后他未能完成任务,也要以宽容的态度对待。毕竟,他是"第一个站出来吃螃蟹的人"。只有这样,才能让团队成员在承担责任的时候,没有后顾之忧,避免团队中出现"干得多错得多,没人敢担当"的局面。

降低逆境的影响力

面对困难时,我们当然要认真对待,但是没有必要夸大逆境的可怕程度。人之所以会失败,有时候就是把失败想得太可怕,没等真正面对失败,就先胆怯了。所以,团队无论在什么情况下,都要保持乐观的精神。

拥有了以上三种心态,团队就可以充满斗志地面对每一次挑战,竭尽全力地去战胜它,即便最后的结果可能不尽如人意,也不会丧失自信力,而是继续以成功者的姿态面对工作,避免进入"习得性无助"的尴尬境地。

【拓展链接】团队的信念是如何产生的？

迎难而上，需要信念，想要提升团队成员的信念感，需要两个方面的激励。

一、要将成员们最原始的成功欲转化为向上的信念

事实上，每个人天生具有成功欲。成功欲可以让人拥有更强大的内心，去克服成功路上的一切险阻。但是，成功欲是个中性词，它可能是"信念""理想"的化身，也可能演变成为"不择手段""极度自私"的代言。所以，团队要正确引导人的成功欲，给团队成员以正确的态度和合理的手段获取成功的机会。如此一来，成功欲就成为信念的源泉。

二、要让团队成员明白"我想要什么"。

团队应该给成员一个明确的未来，让他们知道自己努力之后，能够获得什么？那些拥有信念的人，之所以坚忍不拔、百折不挠，是因为知道自己通过努力可以换回什么。如果团队不鼓励努力的人，无视成员的付出，那么团队就不配拥有员工的忠诚与信赖。

六大负能量，将团队逼向逆境

团队究竟是怎样走进逆境的？外部环境的恶化可能是一个原因，而大多数情况下，是因为团队自身在发展的过程中，积累了太多的负能量。

团队就像一个人体，每天都需要吸收能量。正能量吸收得越多，人体就越健康；负能量吸收得太多，人就要生病。毕竟，生大病也不是一朝一夕的事儿，通常都是因为有些坏习惯我们没有注意、没有去纠正，天长日久积累下来，才由小病发展成为大病。

对于团队而言，哪些负能量在日积月累地破坏团队的技能、影响团队的健康？

负能量一：过度抱怨

"抱怨"就像是一种传染病，可能会在团队中传播开来。如果团队中有少数祥林嫂式的人物，一开始，还仅仅是这些人在抱怨，但是后来你会发现，其他正常的员工，也会感染上抱怨的毛病。发展到最坏的时候，抱怨就成为团队员工们聚在一起时的主要话题。

抱怨的坏处很多。首先，抱怨会拉低士气，一些小事、琐事，都会在不断的抱怨中成为团队的恶疾。其次，抱怨会滋生负面情绪，抱怨者会让自己和他人陷入负面情绪中,消极怠工,一个人会传染一个小组,一个小组会传染一个团队。最后,对团队的执行效率产生影响。

面对抱怨,管理者不应该"逃避"。管理者应该明白,如果有抱怨的声音传到了你的耳朵里,那么证明它在团队中已经"发酵"很长时间了,不是你装作没听到就可以"跳过"的。所以,听到抱怨的声音后,应该主动去挖掘抱怨背后的原因,并且把员工的抱怨当作一个需要解决的议题,开诚布公地拿出来讲一讲,分析分析。

这样做之后,你就会发现:很多抱怨其实都是小事,你不去管它,它就不断膨胀、不断发酵。只要你认真对待它,很容易就可以化解员工心中的怨气。

负能量二:"没精神"

很多时候,团队成员会显得"没精神"。当然,这是表面现象,深层次的原因,是他们对团队的远景不够看好,认为团队束缚了个人的发展,低估了他的贡献。

对于这种消极懈怠的成员,管理者应该引起重视,因为一个人消极懈怠,就会有一群人效仿。毕竟,消极的工作方式,是很"舒服"的,一旦坏风气在团队里形成了气候,那时才想要遏制就会变得很困难。

对待团队"没精神"的状况,管理者需要进行人员的改革,把那些"没精神"的源头人物,放到一些需要高度注意力的岗位上去,一来是帮助他们"恢复精神",二来也是一种警示:谁消极怠工,谁就要受到"特别关注"。

如果他们在新岗位依然是老样子,那就要采取一些比较严厉的惩罚措施,以儆效尤。当然,如果他们确实适应了新的岗位,那么就应该着重加以奖励,把原来的"老大难人物"变成值得团队成员学习的对象,可以有效地改变团队的精神面貌。

负能量三：急于求成

团队中可能会有一些急于求成的成员，他们的特点就是比较浮躁，整天喊打喊杀，试图一步登天、一夜暴富。这些人的性格往往比较偏激，同时也很有煽动性。他们会给团队成员一些不切实际的追求和幻想，这些追求和幻想到最后肯定是难以实现的，所以会导致团队陷入失望和焦虑中。另外，急于求成的人往往喜欢邀功请赏，他们想得多、喊得响，但是又不能沉下心来做事情，很容易破坏团队的协作和平衡。

面对急于求成的团队成员，管理者要压制他的浮躁，不妨给其泼一泼冷水，让团队成员能够认清现实，踏踏实实一步一个脚印地往前走。

负能量四：冷漠

冷漠，对团队会产生不好的影响。冷漠的人，会对周围的人和事视而不见，他们对同事漠不关心，对团队的"公事"也毫不在乎。这样的人出现在团队中，会导致团队"冷暴力"大面积出现，因为人们都会想："既然你对我冷漠，那么我也要以同样的方式对待你。"长此以往，整个团队的人际关系恶化，人心背离，战斗力大打折扣。

为了避免团队性的冷漠，管理者应该在团队中充当起人际交往润滑剂的作用，要鼓励团队成员在工作中相互协作，在生活中多交流、多接触。我们可以经常组织一些团队活动，来拉近成员间的关系。如此一来，团队的整体氛围会朝着友爱、和善的方向发展，即便是团队中存在着一些比较冷漠的人，他们也会显得比较边缘，无法影响到其他人。

负能量五：自我束缚

自我束缚的人，虽然看起来和冷漠的人差不多，都不太愿意融入群体生活，都不太爱和别人交流，但两者有本质上的不同。自我束缚的人，其实内心是渴望交流、渴望合作的，只不过他们在人际交往中缺乏自信，所以显得畏畏缩缩，前怕狼后怕虎。团队中如果这样的人太多了，就会导致团队的沟通效率大打折扣——大家说话的时候都太小心了，很难直抒胸臆、直击重点。

对于这样的成员，管理者可以采取鼓励的方式，让他们有话大胆说出来，并且刻意地给他们一些在众人面前说话的机会，锻炼他们的勇气和自信。

负能量六：嫉妒与恨

团队中一旦有人做出了超常的成绩，其他成员肯定是很羡慕的，这种羡慕，也是激发其他成员向先进看齐、奋起直追的动力，对团队风气的建设有好处。但是有一些人，他们没有把羡慕转化成促进自己进步的动力，反而变成了嫉妒，甚至是恨。这对于团队来讲，是一个十分危险的信号。

如果团队成员的"嫉妒心"太强，团队就会产生一种"见不得别人好"的氛围，在合作中，如果自己的工作可能促成他人的成功，很可能会选择敷衍了事。此外，成员还可能在工作中，用不正当手段打压、诋毁同事，以此来证明自己。

管理者面对如此情况，必须要在团队内掀起"整风"运动，具体的做法是——对于打压同事、诋毁同事的行为，要给予严厉的批评；对于在工作中给人"下绊子""穿小鞋"的行为，要坚决杜绝，甚至在必要的时候，可以采取一些"杀鸡给猴看"的激烈手段，以儆效尤。

以上六种，是可能将团队逼向逆境的负能量。人们常说，坚固的堡垒，往往都是从内部攻破的。团队也是如此，很多时候，我们遇到的危机和挫折，不全是外部环境导致的，还有一大部分原因来自内部。管理者应该时刻关注团队中正在萌发，或者已经形成的负能量，用正能量的管理手段，去遏制负能量的增长，减少负能量带来的不良影响。

【拓展链接】管理者如何成为"正道的光"

想要杜绝团队负能量，管理者自身必须要正！在工作中，应该做到三点。

一、不听小道消息

对于小道消息，在没有得到证实之前，管理者应该统统将其视为假消息，千万不能用小道得来的消息，去指导自己的工作。

二、坦诚地面对错误

管理者自己犯了错，不要遮遮掩掩，一定要有"犯错就认、挨打立正"的觉悟。用权利为自己的错误做掩饰，是一种愚蠢的行为，只有坦荡行事，才能在团队中树立起浩然正气。

三、拒绝暗箱操作

很多管理者喜欢暗箱操作——"我给你的这点好处，你不要告诉别人""这件事情咱们两个知道就行了"……暗箱操作，是滋生负能量的温床，把一切都放在阳光底下，才能给团队源源不断地充入正能量。

逆境团队的"四大毒药"

在团队遭遇逆境的时候,团队管理者当然会想方设法地提升团队的士气,增强团队的凝聚力,希望以此带领团队走出困境。初衷虽好,但在执行的过程中,如果选择了错误的方法,很有可能会功败垂成。

总的来说,当团队陷入逆境时,有四种错误方法经常会被管理者们误认为是解决问题的好办法。错将"毒药"当成"灵药",结果就是,药下得越狠,团队"死"得越快。

这四种"毒药"都是什么?我们现在就来盘点一下。

第一种毒药:大肆宣扬"团队利益高于一切"

在面对困难的时候,管理者希望成员能暂时放下个人得失,将团队利益放到第一位,这是很正常的想法和期待。但是,如果过分推崇和强调"团队利益高于一切",非但无法达成目的,反而可能会导致两方面的弊端。

首先,这种做法很容易滋生出小团体主义。我们要知道,团队利益对本团队的成员而言,是整体利益,但是放到整个企业中来讲,它还是一个局部利益。过分强调团队利益,可能会导致企业内部整体利益的失衡。

当你说团队利益高于一切，会传递给成员们一个信号——"我可以为了追求本团队的利益，无视其他团队的利益，甚至是企业的利益。"如此心态一旦萌发，就会造成团队与团队之间、团队与企业之间的"利益争夺"，最终影响的是整体利益，当然也包括小团队自身的利益。

某团队在企业的考核中，屡次垫底，团队管理者心急如焚。为了扭转当前的颓势，他对自己的成员说："团队利益高于一切，只要是对团队有利的事情，你们就大胆去做，有了问题我负责！"

成员听了他的这番话之后，果然放大了胆子。他们开始想方设法地去兄弟团队"挖墙脚"，抢夺兄弟团队已经快要到手的客户资源。潘多拉的盒子就此打开了，兄弟团队得知该团队的行径之后，也开始"以牙还牙、以眼还眼"。

该团队的管理者只听说自己的客户被兄弟团队抢了，对于自己成员抢夺对方客户的行为并不知晓。因此，他怒气冲冲地找到了上级领导，投诉兄弟团队"不守规矩"。而此时，兄弟团队则拿出了他们先抢客户的证据，让管理者瞬时哑口无言。

过分强调自己团队的利益，其实是一种"短视行为"，很可能造成企业中的内部混战，而这种"内部的战争"，是不会有胜利者的，所有人都要付出代价。另外，从团队自身的发展来看，这种做法也会出现"矫枉过正"的现象，有些团队成员会借维护团队利益的名头，去损害其他成员的利益。

举例来说，某个团队成员正在从事某项重要的工作，另外一位成员希望他可以放下手中的事儿，先来帮助自己完成另外一项工作。在正常的团队中，大家可以通过正常的协商解决问题。但在过度强调团队利益的团队中，另外一名员工就很可能搬出："这件事情关乎咱们团队的利益，比你自己的事儿重要，你先放一放。"这样的借口,来压制对方。

如此风气一旦形成,那么,许多团队成员的利益就会遭到长期损害,他们的积极性和创造性也会因此遭到重创,团队的整体战斗力也会下降。

作为团队管理者,即便是团队陷入了暂时的困难中,也不能失去自己的大局观,过度地强调狭隘的团队主义,无视整体利益及个人利益。如此做法,非但不能帮助团队走出困境,还有可能会带来新的危机。

第二种毒药:大肆宣扬"要合作、不要竞争"

团队陷入困境时,通过成员间的合作来摆脱困境,是非常有必要的。但是,管理者完全没有必要因为强调合作,就疯狂打压团队内部正常的竞争机制。

团队竞争的最大作用,其实是打破了"吃大锅饭"的团队文化。一个团队,需要良性的内部竞争,来保持活力和冲劲儿。即便遭遇了危机,我们也不能破坏团队的竞争机制;相反,我们要让团队成员知道:"现在是你们竞争的最佳时机,谁能够挺身而出为团队排忧解难,谁就能在团队走出困境之后,获取更大的收益。"通过引导良性的竞争,让团队成员发挥出他们最大的潜能,也是帮助团队走出困境的一种好办法。

第三种毒药:以兄弟情义替代同事情义

团队出现危机之后,许多团队管理者为了拉拢团队成员和自己站在同一个战壕内,会采取一些"称兄道弟"的办法。例如,个别管理者可能会说:"咱们团队就是一个大家庭,大家都是兄弟姐妹,在这个关键的时刻,我们必须要……"

这种将同事情义转化为兄弟情义的做法,其实是存在弊端的。

首先,它是一种庸俗的职场文化。在职场中,同事情义就是最至高无上的人际关系,它代表了协作、沟通、共同奋进等美好的职业素养,以江湖意味浓厚的兄弟情取代同事情，本身就是一种团队文化的倒退。

其次，在团队中过度宣扬兄弟情，会削弱规章制度的约束力，人们会觉得"大家都是兄弟了，还讲那么多条条框框干什么？"其实，我们可以观察一下，那些动辄称兄道弟的团队，是不是大多数都缺乏"纪律"？答案往往是肯定的。

纪律和规章制度，不仅可以维护团队的正常运转，也是维护团队成员利益的一种手段。如果丧失了纪律，过分强调兄弟情，那么有些团队成员的利益可能会遭到损害，毕竟，既然是兄弟，那么就有亲疏——"亲兄弟比表兄弟强，表兄弟比结义兄弟近"，任人唯亲、近水楼台先得月等现象，就可能会在团队中出现，最终会造成非常不好的影响。

管理者要知道，这个世界上，能一起"上阵杀敌、克服艰险"的，不仅仅只有亲兄弟，在职场上，同事就是最强大的盟友，是彼此赖以成功的左膀右臂。把同事关系处理好，就足以应对一切危机了，何必要强行把不是兄弟的人扯到一起"强行攀亲"呢？

第四种毒药：遇到危机时大肆强调"牺牲精神"

我们经常用军队来比喻团队，军队的确是一种比较典型的团队，很多军人作风，也非常适合拿来管理团队。但我们也应该明白，军队属于非一般的团队，许多军队中提倡的精神，并不适合直接拿到企业的团队里来，其中最典型的就是"牺牲精神"。

很多团队在遭遇危机的时候，管理者就会举起"牺牲精神"这杆大旗，让团队成员为团队的危机去"买单"。比如，有些团队出现危机后，第一时间想到的不是解决危机，而是"通过减少员工的福利或薪资待遇，来降低危机的影响"。他们可能会对员工说："现在是团队最危险的时候，大家要共克时艰，牺牲小我、实现大我，所以各位这个月的奖金就取消了！"

这种所谓的"牺牲精神",我们是不提倡的,甚至可以说,它是团队建设中的一杯毒药,会从两个方面影响团队的建设。

第一,会扭曲团队的价值取向。

一个正常的团队,个人利益与团队利益是高度绑定的,一荣俱荣、一损俱损。如果团队利益和个人利益是冲突的——要维护团队利益就必须牺牲个人利益,要维护个人利益就等于是在损害团队利益,那就证明这个团队是存在问题的。不解决这个问题,团队就要有大麻烦。

第二,会伤害成员的忠诚度。

任何人在忠于团队之前,必先忠于自己。你不能指望一个对自己都不忠诚的人去忠于一个团队。所以,过分强调重视团队利益而忽视个人利益,团队成员的忠诚度一定会降低。

正因为过度强调团队利益至上、鼓励员工自我牺牲会产生一些不良的后果,所以,即便是我们的团队遭遇了危机,也不要要求员工用牺牲个人利益的方式来"解救"团队。

以上,就是逆境团队可能会喝下的"四大毒药"。团队的管理者应该提高警惕,不管在什么时候,这"四杯毒药"都不要去碰。否则,你以为它能治病,结果它会要了团队的"命"。

别让经验害了团队

团队最大的危机是什么？不是来自外界的强力挑战，而是陷入过往的经验中无法自拔。

在非洲撒哈拉沙漠，骆驼是唯一的交通工具，家家户户都养骆驼。

骆驼看起来是一种非常温顺的动物，但它的性格其实非常暴躁，而且力量极大，发起脾气来，根本不是人力能够制止的。为了驯服骆驼，养骆驼的人会在骆驼出生后不久，就用绳子拴住它。绳子的另一头是一根红色的木桩子。红色木桩子会被深深地钉在地面上，还要绑上大石头加以固定，小骆驼无论如何都是挣脱不掉的。

倔强的小骆驼当然不愿意被拴着，它会竭力挣扎。很明显，挣扎是徒劳的，它幼小的身躯，没有足够的力量拔起木桩。过了一段时间之后，小骆驼放弃了，它已经认识到，这根红色的木桩是他抗拒不了的力量。所以，它拥有了一个经验——当红色木桩插在地下时，自己就老老实实地待在原地好了。

小骆驼慢慢长大，主人需要他们去拉货物了，这时候，那根红色的木桩依然存在。当主人需要他们走起来的时候，就把木桩拿在手上，牵着他们走。

当主人需要骆驼原地不动的时候，就把木桩轻轻地插到地下。以成年骆驼的力气，想要挣脱木桩是不费吹灰之力的，但是它们不会这样做，因为儿时的经验告诉它们：木桩是不可战胜。

行走在沙漠中，会遇到很多危险，风沙是其中最为致命的。有时候，沙漠中突然刮起了狂风，主人要去逃命，但如果带着骆驼一起走的话，可能会拖慢他的脚步。于是，他们就会将木桩插在地上，自己先离开。有时候，主人如果在风沙中丢了性命，由于没有人回来拔起木桩，那些骆驼就会在原地一直等，最后被活活饿死。

与其说骆驼是被饿死的，倒不如说它们是死于经验和习惯。很多时候，经验是会害人的，同样它也会害了一个团队。如果我们的团队，总是靠经验去做事，不懂得变通和创新，那么迟早有一天，这种经验会将我们推向危机。

在商业史上，相关的例子屡见不鲜，许多成功的企业和团队，都因为太过于相信自己的成功经验，最终陷入了困境。有人把这种现象称为"领导者的困境"，最为典型的案例，就是三大智能手机品牌的没落。

在苹果手机问世之前，世界手机市场被三大巨头把持着——摩托罗卡、诺基亚和爱立信。相信直到今天，还有很多人对这三个品牌的手机充满怀念。在这三家手机厂商中，诺基亚是绝对的王者，在20多年前，诺基亚就推出了自己的智能手机，但当时诺基亚的管理团队认为，手机就应该有键盘，所以他们拒绝采用"全触摸屏"的智能手机设计理念。

1998年6月，诺基亚、爱立信和摩托罗拉公司都意识到，现有的手机操作系统已经无法满足消费者的需要了，于是，他们三家合资成立了Symbian公司。三大手机厂商强强联手，这是一件前所未有的事情，所有人都认为Symbian公司所研发出的操作系统，将会成为未来的行业霸主。

Symbian公司还招来了斯考特·詹森主管公司的设计团队，此人曾经在苹果公司担任要职，负责设计苹果产品的用户界面，曾参与过苹果牛顿平板电脑交互设计。詹森来到公司之后，马上就设计出了一套名为Pearl的用户界面。该界面交互逻辑清晰，非常好用，放在智能手机上非常合适。

　　没想到，诺基亚管理团队对詹森的设计并不感兴趣，他们希望詹森可以延续诺基亚曾经的设计风格，因为根据他们的经验来看，"诺基亚的界面更受消费者的欢迎"。诺基亚是Symbian公司最大的股东，所以他们的意见非常重要。就这样，詹森的新设计被推翻了。

　　后来，Symbian公司的设计者们，按照"老板"的指导，设计出了一套和原来的操作系统没有太大区别的新系统。新的系统虽然是智能操作系统，但由于它和老系统太像了，所以消费者在使用的时候，根本就感受不到智能手机带来的"新玩法"。

　　后来，苹果手机横空出世，它和其他所有老牌手机厂家生产出来的智能手机都不一样，人们在苹果手机的身上，发现了智能手机的真正潜力。于是，短短几年之内，苹果手机一统江湖，而当年抱着成功经验不放的诺基亚、爱立信和摩托罗拉等传统手机霸主们，一个接一个地没落了。

　　有人说，诺基亚之所以会失败，就是因为它曾经太过成功。没错，巨大的成功，让它陷入其中难以自拔，结果导致思维定式、自大狂妄，最终陷入败局。任何团队，都应该吸取这一教训，避免被经验所害。

　　经验之所以有用，是因为在经历过太多相同的事情之后，我们可以更加快速地作出判断，付诸行动。所以，有经验的人做事情，通常要比没有经验的人效率高、错误率低。但是，经验在成全我们的同时，也可能会害了我们。因为在工作中，新任务和老任务有时看起来很"像"，实则不同，如果总是不假思索地用之前的老办法对待新任务，十有八九要捅娄子。

经验不仅会让团队判断错误，还会让我们的思维趋于僵化。如果我们总是靠经验做事情，就会思考得越来越少，思维总是停留在过去，自然会僵化。

美国发明家保尔·麦克里迪曾经说过一件事：

他告诉儿子，水的表面张力能让针浮在水面上。儿子表示懂了。然后他问儿子，有什么办法可以让比针更大的东西也浮在水面上？保尔心里想到的答案是：借助一些工具，比如小钩子、磁铁等。没想到，他的儿子却说："先把水冻成冰，那么再大的东西也可以放在冰面上，不会沉下去！"保尔说道："我儿子说的这种办法，是最简单有效的，但是我却没有想到。因为我的思维已经僵化了。"

正如故事所揭示的那样：思维僵化，会让人陷入低效率的思考中。团队也是如此，一个团队的思维如果集体僵化，那么团队的思考效率也会受到影响。平常，当团队按部就班地处理一些常见事物的时候，思维僵化的恶果或许不会显现出来。可当遇到了新课题之后，你会发现，那些思维僵化的团队，他们解决问题的效率会很低。

一个健康的团队，当然要不断总结经验，但我们必须明白：总结经验的目的，不是把经验无限复制下去，而是用旧的经验，去推导新的方法。团队不能被经验束缚，也不能总是待在仅仅用经验就可以解决一切问题的"舒适区"，那样只会让团队思维逐渐僵化，最终退化。

安逸久了，逆境自然会找上门来

上天是很公平的，安逸久了，逆境就会悄悄找上门；逆境久了，往往又能发现转机。对于团队来讲，有两种逆境，一种是很难避免的，另一种则是可以预防的。

我们先来说第一种——难以避免的逆境，它属于"成长型逆境"。

团队在不断成长，意味着体量在不断增长，同时麻烦也在增多。麻烦积累到一定程度，就是逆境。跨越成长型逆境的办法没有其他，就是不断地挑战新环境、适应新情况。

某团队原来主要负责销售电子元器件，由于能力很强，他们的销售额很快就达到了2000万元，几乎抢占了北方电子元器件市场。随着市场的逐渐饱和，销售额也达到了一个瓶颈，为了扩大团队的收益，他们决定："自己办厂，自己销售，自己生产。"

如果这个愿望实现的话，那么团队会在原来的基础上更上一层楼。可是，当他们付诸实践之后，很快迎来了第一个逆境——团队核心成员对生产线不太了解，而请来的工厂负责人一直无法与团队融洽地合作，也很难领会团队的意图。

怎么办？团队管理者决定：带领几个核心成员亲自下场，从零学起！

于是，团队中的不少骨干开始从生产线做起，亲自下工厂，穿工服，和工人一起上生产线，和工人一起进出食堂。他们中的大多数人，过去都是出入写字楼，工作在格子间，现在到生产一线工作，安逸的生活就此被打破了。但由于他们要坚定地迈出这一步，因而眼下吃的苦、受的累，也就心甘情愿接受了。

一年之后，一个销售起家的团队，成功地蜕变成一个管理和运营生产线的全新团队！他们的利润率比过去更高了，在市场上的自主性也更强了，实现了团队的完美进化。

很多初创团队，其实都曾经经历过上述故事中的事情——随着团队不断扩张，新业务不断涌现出来，这就是典型的成长型逆境。面对新业务和新机遇，如果处理得好，团队就能更上一层楼，如果处理不好，团队就会陷入危机之中。面对这种情况，团队只有一个办法，就是主动适应，这就是"成长的代价"，欲戴皇冠，必承其重。我们不能因为有困境，就故步自封、原地踏步，那样做只能是眼下舒服，将来会有更大的危机找上门来。

还有一种逆境，叫环境型逆境。

所谓的"环境型逆境"，就是指大环境的变化，给团队带来的危机和挑战。

很多团队都认为"环境型逆境"是不可抗拒的，他们也总是把团队的一些不顺利，归结于大环境。可正如马云所说："90%的人在埋怨宏观经济，但是90%倒下去的企业跟宏观经济一点关系都没有。"

这就告诉我们，团队自己认为是"环境型的逆境"，但实际上它所面对的主要挑战并非来自环境。因此，团队在应对"环境型逆境"之前，最应该做的事情是先考量一下——团队遇到的逆境究竟是外部因素造成的环境型逆境？还是内部因素造成的成长型逆境？

千万不要将两者混淆，因为针对两种逆境的处理方式有很大的不同——成长型逆境主要通过自我创新、自我挑战去克服；而环境型逆境，则需要通过改革去应对。

稻盛和夫是日本的经营之神，他带领的京瓷公司，在日本经济萧条期间，年中销售额降了90%！为了走出逆境，稻盛和夫开始大刀阔斧地对企业进行改革。

稻盛和夫先是退出了全员营销的经营战略。在平常时候，公司的研究、开发、生产、销售分工明确，可到了危急时刻，稻盛和夫对员工们说："让我们实行全员营销吧！"过去与人打招呼都脸红的工人、只会钻到实验室里埋头研发的科技人员，一瞬间成为企业的推销员，奋战在了推销产品的第一线。在公司上下的集体努力之下，京瓷销量下滑的趋势被遏制住了。

除了营销策略之外，稻盛和夫还改革了成本策略。人工工资是不能降的，毕竟这事关数万员工的生计。所以，稻盛和夫命令研发人员去寻找更便宜的制造方法，更便宜的原料。他还强调："不仅是制造设备等硬件，在组织的统合、废除等软件方面也要动手术，彻底地合理化，坚决削减成本。"

通过改革，京瓷将生产成本降低了30%以上，公司的利润也因此上涨。就这样，他们在危机中不仅没有倒下，反而越做越大，最后成为该行业的领袖。

我们可以看到，稻盛和夫应对环境型逆境的策略，总结起来就是两个字——改革。

在环境发生变化之后，团队无法扭转外部环境，就只能扭转自己。那些能够在恶劣环境中，通过自我变革生存下来的团队，最终都会获得更大的成就。无法通过自我革命适应环境的团队，就只能倒下，成为前者获得成功的垫脚石。

所以，不要动不动就抱怨"大环境不好"，因为大环境是公平的，对你不友好，对其他人也同样不友好。相反，如果你能通过改革让自己在恶劣的环境中生存下来，等到日出云散的那一天，你就会发现：恶劣的环境将成为你脱颖而出的机会，许多竞争者纷纷倒在了恶化的环境中，而你的团队自然就成为那个最终的胜利者。

不管是成长型逆境，还是环境型逆境，团队都不要怕，因为逆境有时候恰恰是刺激团队奋勇向上、自我改革的动力，所有成功的团队，都是善于"把握"逆境的团队。

第四章

**赋能 | 促使团队
自我进化**

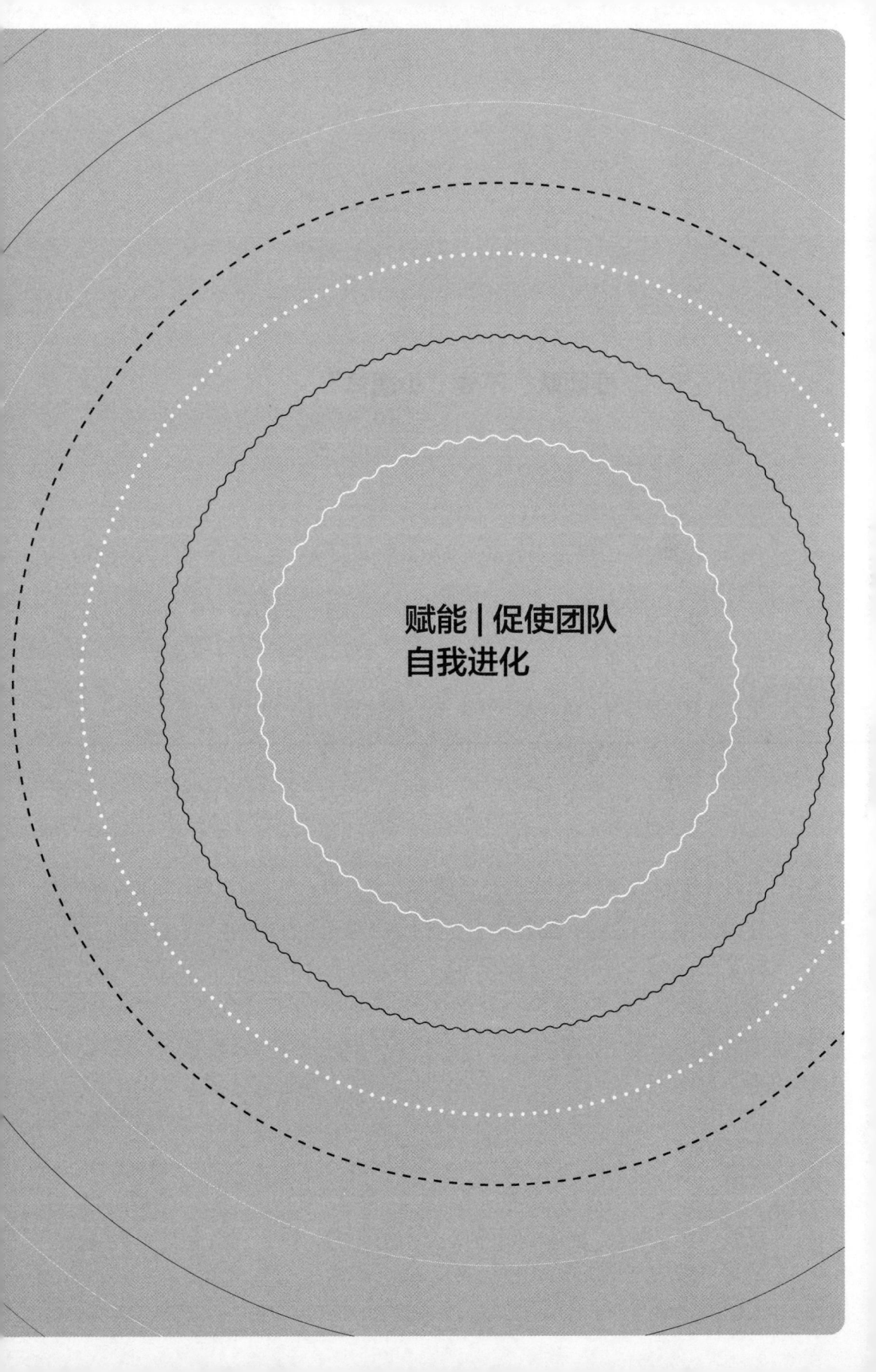

要团队，不要"小团体"

一群人在一起，有的成了团队，有的只能算是"小团体"——他们利益分化，各自打着各自的小算盘，各自有各自的小心思。这样的一群人，即便一起共事多年，也不过是乌合之众，无法形成一个不断积聚力量的团队。

宁高宁在《团队魂》中说："团队像人一样，应不断进步成长，是一个生命体。团队进步的基本条件是能持续地学习、反思、沟通，有自我批评的承受力和能力，团队中有不断找出自身不足的文化，这是团队成熟和有信心的表现。能学习、反思的团队表现了对大目标的深刻理解和执着，也表现了对实现目标的过程的坚韧，特别是有对过程中遇到困难和挫折的应对能力和奋斗精神。在这样的团队中，沟通的速度快，成本低；信任多，抱怨少；团队成员中想到的、说到的、听到的、做到的有高度的统一。"

这番话，其实告诉了我们几个关于团队的真理。

首先，团队是有系统的。我们可以把它看成是一个由渺小个人组成的庞大巨人，它虽然身形庞大，但并不臃肿，它有个性、有悟性、有灵性。

其次，团队管理是一项精细化的操作。就像人体一样，每一个细胞、每一根血管、每一条神经，都是有作用的，人不能只健脑不健身，也不能只健身不健脑。

管理团队也是如此，需要让团队的每一个个体都运转起来，协同作战。

最后，团队作为一个整体，必须要有统一的核心价值观和统一的利益取向，只要有了这两样东西，即便团队中出现一些争论、不睦，也不会影响团队的整体规划。

团队就好像篮球队一样，当年湖人队的科比和奥尼尔关系其实并不好，但他们有同样的追求——冠军；相同的利益诉求——通过争取好成绩来换取更大的影响力。所以，他们依然能够在球场上精诚合作，共同争取胜利。

在任何团队中，你指望每一个团队成员都像看待亲人一样看待彼此，那是不现实的，但这并不重要，只要团队能够用核心的价值观和相同的利益诉求把大家团结到一起，都可以产生"斗而不破"的效果，适度的内部竞争，还会成为促进团队进化的那条"鲶鱼"。

力帆老总曾经说过一句非常形象的话："家鸡打得团团转，野鸡打得到处飞。"

团队就要像家鸡一样，虽然打打闹闹，但总归不会四处单飞；而小团体就像是野鸡，小心翼翼地扎堆，一旦内部有点什么风吹草动，立刻炸毛了，四散飞去，落得一地鸡毛。

一群人组合到一起，究竟会变成团队，还是会变成小团体，管理者在其中发挥着重要的作用。正如电视剧《亮剑》里说得那样："团队精神是由这支团队组建时长官的性格和气质决定的，他给这支团队注入了灵魂。"在别的地方大气不敢出的小士兵，到了李云龙手下，立刻就变成了嗷嗷叫的铁骨硬汉，为什么？因为李云龙团队有两个最重要的特点。

第一，他们是一支极度渴望胜利的队伍，这是他们的核心价值；第二，团队的大部分好处，每个人都能够分享到。有时候，利益不够分给每个人了，怎么办？就通过公平的竞争去做利益分配。这，就是独立团无往不胜的原因。

当团队管理者为团队注入"价值观"和"相同利益"之后，你会发现，团队的主观能动性被激发出来了，管理难度也降低了，带领这样一支团队去攻城略地，事半功倍。

为了实现这一目标，团队管理者应该做好两件事情。

第一件事，以身作则。

某团队开培训会，管理者三令五申地说："这个培训很重要，希望全团队从上到下都要重视起来，大家都认真参加一下。"

第一天培训会召开之后，几乎所有人都到了，但是管理者没来；第二天培训会开始了，会场上只有三三两两的员工，会议根本无法继续。

第三天，管理者到了，发现很多人都没来，大动肝火。他把团队员工都召集过来批评了一番，并强调："明天的培训会我一定会来，到时候必须所有人都参加。"

第四天，所有人都到了，但是管理者迟迟没到。终于，在原定时间一个半小时之后，管理者姗姗来迟，培训会草草开始。由于时间紧迫，最后也只能草草结束。

上面提到的这个团队，肯定是有问题的，团队成员习惯于"不服号令""见人下菜"，可问题的根源在哪呢？就出在管理者自己身上，他没能做好示范带动的作用。所以，才造成了整个团队都松松散散。

作为管理者，想要建立核心价值观，自己首先要一丝不苟地履行这个价值；想要实现利益的统一，首先自己不能无视或侵犯员工的利益。做不到这一点，一切都是空的。

第二件事，文化驱动。

很多团队都在谈"团队文化"，可是谈来谈去，所谓的团队文化也不过是一句口号，无法形成驱动作用。而真正有用的团队文化，是符合所有人利益的文化。假如一个团队总在讲无私奉献，把牺牲精神作为团队的文化，这样的文化是不可能真正建立起来的，因为他不符合人们的利益诉求，员工们会想：凭什么要我无私奉献？团队又给了我什么？

想要让别人接受你的文化，那么你的文化就一定是能够为员工带来益处的文化。

IBM的企业文化是"尊重个人信念"，在这个文化的驱动之下，员工的想法能够得到尊重，所以员工们自然会认同这一文化，并在和客户的接触中，主动去尊重客户的个人信念，将企业文化落到实处。

通用电气的企业文化是"坚持诚信、注重业绩、渴望变革。"其中，诚信、业绩和变革，都是大部分普通员工所需要的东西，所以这一文化自然也得到了大部分人的支持。

通过管理者的带动和示范，再加上团队文化潜移默化的影响，一支松散的队伍就可以变成凝聚力强的团队。如果缺少了这两样东西，那么再强大的团队也可能会退化成"小团体"。换句话说，一群人聚集到一起，形成了一个动态的组织，既可以被感化，也可以被"腐化"；既能够迸发出力量，也可能会爆发出危机。团队管理者作为团队的掌舵人，要担负起为团队赋予"正能量"的职责，让自己的团队保持积极向上的发展态势。

【拓展链接】避免团队"滑坡"

有些团队在发展到一定阶段之后，非但失去了持续进步的动力，还可能会因为种种意愿产生滑坡。这时候，我们要想方设法地避免团队的滑坡。

大部分团队向"小团体"滑坡，是因为利益固化。团队在快速发展的时期，每个成员的工资水平、职业前景，都在一个上升通道中，这时候大家都是比较乐观积极、甘于奉献的。可随着团队发展到一定的阶段，利益会逐渐固化，具体表现就是薪资水平无论高低，涨幅都比较有限了。与此同时，职位也比较固定了，员工们失去了"努力一下，实现从员工到主管"的上升窗口。这个时候，虽然大家的日子过得一天比一天安逸了，但是心却一天比一天不安分了，因此团队很容易发生滑坡。

为了避免利益固化造成的团队滑坡，团队管理者要从两个方面着手：第一，不断开拓新的增长点，避免团队收益裹足不前；第二，要竭力避免"管理僵化"，在任何情况下，都要给那些甘于付出的员工以合理的上升通道，对于那些躺在功劳簿上不思进取的所谓团队"元老"，决不能姑息、放纵。

团队滑坡的第二个原因，是旧的团队文化跟不上新的发展需求。

有一些团队在刚开始组建的时候，为了尽快做出成绩，会宣扬一些诸如狼性文化之类的、进攻性很强的团队文化，为的是"一鸣惊人"。可随着团队做大做强，原有的文化其实已经落伍了，因为此时团队需要的不再是一鸣惊人，而是"持续发展"。这个时候，如果不改变自己的团队文化，就会造成团队浮躁、冲动，因而走向滑坡。

"集体思考"遇到瓶颈怎么办?

人类在思考中进化,团队也是一样。

一个团队如果不思考,是没有前途的;如果总是"乱思考",就会失去方向。作为团队的管理者,要极力塑造一个"集体思考"的团队,让每个人都发挥自己的思维潜力,为团队发展建言献策。与此同时,也要避免"集体思考"的失控。

集体思考,远要比个人思考难得多。

我们拿电脑来说,以现在的技术,用先进的处理器制造出一台个人电脑,不是什么难事。但想要把很多个先进处理器连接到一起,制造出一台所谓的"超级电脑",就非常困难了。直到目前,世界上也仅有少数几个国家拥有这样的能力。

个人思考犹如家庭用的电脑,一个处理器解决一切问题;而集体思考就犹如超级电脑,需要将很多个处理器有机地"连接"到一起,才能解决单个处理器解决不了的问题。在"连接"这些处理器的过程中,一个不小心,就会出现所谓的"BUG"。

通常来讲,团队的集体思考,可能出现的"BUG"有四种。

第一种 BUG:总是探讨对错,却不解决问题

很多团队在针对某个问题进行思考、交流的时候,到最后会陷入"对错"的

争执中，浑然忘记了大家在一起的目的是"解决问题"。

某团队最近遭遇了一点小挫折，大家坐在一起，探索解决问题的办法。一开始，成员们还在按部就班地讨论问题，可不知道是谁第一个起了头，讨论会变成了"寻根会"。

业务人员说："我觉得这个问题之所以会出现，主要是因为咱们的财务做预算的时候，没有把相关的问题考虑在内。"

财务人员当然不服气，说："这怎么能怪到我们头上？我们靠什么做的预算？还不是策划人员报上了项目策划方案？"

策划人员一听这话，也不高兴了："你的意思是说，我们做策划的时候，必须要把所有问题都明明白白地考虑到？包括那些临时增加的支出项目，我们也要未卜先知才行？依我说，还是在执行方面出了太多的状况，我就不明白，怎么会有那么多临时项目出现？当初我的策划案可是都给你们看过，你们谁也没提意见，怎么现在把过错都算到我们头上？"

业务人员心想："好嘛，绕了一大圈，'锅'还是要扣到我的头上。"于是便说道："每一次在执行任务的时候，当然会有意想不到的状况，你以为我们想啊！咱们一起工作了这么久，你们难道还不明白吗？"

争执了半天，大家似乎忘了自己最初的目的是解决问题，所有人都开始"甩锅"。

相信很多管理者都遇到过以上情况，并为此头疼不已。

其实，遇到问题想甩锅，是一种趋利避害的本能。当然，也会有一部分人认为："最大的错误不在我这儿，我已经尽力了。"遇到这种情况时，管理者自己的脑子首先要保持清醒，要始终记得：现在不是探讨对错的时候，而是解决问题的时候。你要出面告诉团队成员，谁对谁错都不重要，只要能解决问题，所有人都得利，解决不了问题，所有人不管对错，利益都会受到损失。通过这样的方式，让大家回归正轨，一心寻找解决问题的思路。

第二种 BUG：用"嗓子"取代了"脑子"

在集体思考中，脑子本来是最重要的器官，但集体思考毕竟需要语言交流作为媒介，因此，"嗓子"有时就会取代"脑子"，成为主导集体思考最重要的器官。具体的表现就是，谁的嗓门大，谁就能主导沟通和协作。

在团队中，肯定不乏这样的人：他们能力出众，表达欲也很强，总是喜欢站出来侃侃而谈，发表自己的意见。这类人既是团队的支柱，同时也是团队中的"大嗓门"，他们具有引导"主流想法"的能力。听到他们的言论后，身边的人往往也很容易下意识地认为："既然他都这么说了，那肯定是对的。"

然而，作为团队管理者，必须明晰两件事情：第一，没有人能永远正确，有理不在声高，"大嗓门"也不见得每一次说得都对；第二，如果团队中出现了一言堂的现象，无论这个人是团队的管理者还是员工，对于团队发挥集体智慧都是不利的，它会破坏团队的多元化，让大部分团队成员停止思考。

要解决"嗓子代替脑子"的问题，管理者可以从两方面着手。

首先，引入"结构化"的方式进行讨论，就是把一个团队性的议题，分割成几个特定的板块，然后让那些与板块最相关的人，分别阐述自己的看法。举例来说，某一项任务要涉及技术、执行、进度管理和财务核算四个板块，那么就让各自板块的具体负责人分别讲话，然后将他们的意见加以融合。

其次，采取轮流发言的讨论机制。在会议上，要给每个人发言的机会，不要总是几个人长篇大论地讲，最后问其他人："大家还有什么补充的没有？……没有就这样了，散会！"我们要"强制"每个人都发表自己的看法，这其实是一个

"逼迫"大家进行思考的手段。

第三种 BUG："藏猫猫"员工的偷懒行为

有的人在团队里想说话，但苦于没机会，对于这种情况，我们在上面的内容中给出了解决的方法。还有一种人，是有机会也不想说话，他们总是在团队里"藏猫猫"，能不说话尽量不说话，能不思考尽量不思考。这类人内心的想法往往是："你们告诉我做什么、怎么做就行了，我就踏踏实实地按照你们说的办法去做，做对了当然好，做错了也和我没关系，是你们让我这么做的。"

这样的团队成员，不是没有思考能力，而是懒得动脑子。面对如此情况，管理者要采取"胡萝卜＋大棒"的手段，既拉又打，改变他们思维懒惰的毛病。具体来说就是，通过轮流发言，刺激他们的思考欲望。其次，在任务的执行过程中，实行"谁执行谁负责"的制度，避免团队成员以"按章行事"来推卸责任。在开团队会议的时候，也可以对这类成员有言在先："你觉得这个方法可行吗？如果要是有不同意见就说出来，如果没有不同的意见，那么你就要去认真执行，出了问题自己负责"。

第四种 BUG：情绪对立

只有不带情绪的思考，才是冷静的、客观的思考。但是，很多时候团队成员都会带着情绪思考问题，这就造成了"情绪决定脑袋"的思维模式。

例如：在某次会议上，A 想出了一个解决问题的好办法。实际上，B 的内心也觉得这个办法不错，但由于两个人的关系不好，所以 B 非但没有站出来支持 A，反而提出了一堆反对意见，最终把一个好办法搅黄了。

作为团队管理者，对于团队中的"情绪气场"，要有敏锐的观察力。如果对团队成员之间的关系没有一个大体上的认识，那么你就会发现，很多成员的行为是无法理解的。事实上，在没有逻辑的思考和行为背后，其实就是情绪化在作祟。明白了这一点之后，再对症下药，很多不容易理解的现象就可以理解了，很多难以解决的问题就比较好解决了。

【拓展链接】管理者的思维力，决定了集体思想的高度

为了提高团队集体思维的活力和想象力，管理者作为主导者，应该秉承中立的、群策群力的原则，鼓励每一个参与者说出有创意的意见。

一个成熟的管理者，不会在团队会议中首先发言，因为他知道自己是处于主导地位的，一旦先发言了，就等于给其他人的发言"定了调子"，别人即便是有不同的，甚至更好的意见，也不敢再说出来了。

一个成熟的管理者，也不会随意评价他人的发言，更不会给别人的意见"贴标签"。比如，在成员发言之后，直接评价说："这个想法太幼稚""想得不够深入""简直就是异想天开"……即便不同意成员的观点，也要通过"阐述自己"来摆明立场。比如，可以这样说："关于这个问题，我是这么想的，首先……其次……最后……"简而言之就是："不要说你的感受，要说你的思考过程"，唯有这样，才能激发团队成员共同思考。

让团队成员知道——"我能有所贡献"

联想集团总裁柳传志有句名言:"办公司就是办人。人才是利润最高的商品,能够经营好人才的企业才是最终的赢家。"此话道出了人才对于团队的重要意义。

人才有两个来源,一是招聘来的,二是培养出来的。结合现实我们发现,有很多团队抱着一个根深蒂固的理念,即"外来的和尚会念经",在人才的问题上只想着招聘,压根没有想过,或是不懂得从内部培养人才。

许多团队管理者强调说,在培养人才方面做了不少尝试,但都失败了。为什么会出现如此情况?团队之所以不出人才,十有八九是因为团队从来就没有让自己的成员知道——在这个团队中,"我"能有更大的贡献!

团队管理者的第一个任务,当然就是管理人才,第二个任务则是开发人才。遗憾的是,很多管理者只知其一不知其二。忽视人才开发的团队,最终要面对两个不愿意面对的难题。

第一,造血能力不足,只能靠输血度日。然而,并不是所有的血都能随便输,一旦输错了血,比贫血还难受。我们看那些不善于培养人才的团队,总是在引进人才。可是很多时候,引进的人才和你的团队并不匹配,要么是人才发挥不出真正的实力,乘兴而来败兴而归;要么是他把团队搞得鸡飞狗跳,然后"功成身退",

两者都不是我们想要的结果。

　　第二，真有人才，却出不了头。团队忽视人才培养，那些有潜力的人就无法证明自己，他们在团队中是"石中的玉"，永远看不到天日。这是一种极大的浪费，既浪费自己的人力资源，也浪费别人的宝贵时间。

　　想要让团队人才辈出，管理者首先要做的事情是——改变一切"从事出发"的管理方式，引入"从人出发"的管理方式，让团队成员知道——"我"能有更大的贡献。

　　在大多数情况下，团队管理都是从事出发，先确定自己要做成什么事，然后根据目标来设定流程，所有团队成员在流程中都像是一个"工具"——按部就班、兢兢业业，多办事少说话才是好同志。这样做当然很好，目标清晰、方法明确，能够极大地提高团队的执行力和成功率。

　　但是有一个问题你想过没有？在某些时候，我们不一定要从事出发，也可以"从人出发"，借助这样的思维去解决某些问题。比如，你发现一个团队成员对某件事情充满了兴趣，你可以对他说："既然你对这件事情这么上心，那么就由你全权负责，我只问一个结果。"或许，你一次"从人出发"的管理实验，就可以真的发现和培养出一个人才。

　　　　某互联网公司每年都会进行新员工的培训。过往的培训大多是走个过场，宣传一些企业文化，灌输一些产品知识。但是这一年，他们决定"来点不一样的"——培训的时候，不光是讲师讲，还要让接受培训的员工也谈一谈自己的看法。

　　　　新入职的员工，如果曾经在其他团队工作过，可以谈一谈其他团队的优点和缺陷，并就之前遇到的不合理的管理方式，提出自己的改进意见。没有在其他团队工作的新人，也可以谈一谈自己对于未来工作的一些展望，或者是把自己的一些困惑讲出来。

在新培训机制之下，团队管理者发现，这些新入职的员工中，有很多人对技术、对业务，都有非常高明的见解，他们围绕市场、产品、运营、客户、行政管理等多个维度，提出了许多新的想法和建设性的方案。而且，这些方案最终会交给相关负责人进行评估，凡是最终被采纳、被落实的方案，都直接算作是新员工进入团队之后的"第一个业绩"。

之后，团队管理者发现，这些新入职的员工，他们不仅在入职之初非常有激情，而且在工作了一段时间之后，依然在持续地为团队建设、团队发展建言献策。其中很多人，都成为团队中的骨干。

管理者问这些骨干："你们为什么总是充满激情？"他们的回答惊人的一致："从进入团队的第一天起，我就觉得自己是个有用的人，所以我想要不断努力，让自己越来越有用，只能进步、不能倒退。"

这就是"从人出发"的管理方式所带来的一个变化，当你"从人出发"的时候，团队成员就会觉得自己是被重视的，自己是能发挥大作用的人，他们一定不能容忍自己从有用之人变成"无用之人"，因此，不但会更加努力，也会充满热情。

要知道，成功和平庸都是有惯性的。一个人在团队中，如果有了第一次成功，那么他将很难接受自己在团队中的平庸角色，为了摆脱平庸，他会比别人更努力。相反，如果一个人在团队里一直扮演的都是平庸角色，天长日久，他也就习惯了平庸，他只会想着怎么混过这一天，月底把工资领到手就算是"大功告成"。所以，很多时候不是我们的团队里都是天生的庸才，而是我们没有给过他们成功的机会，哪怕只有一次。

这世界上大多数的人才，其实都是打磨出来的，都是摔打出来的，是通过失败磨砺出来的。所以，团队管理者一定要事先做好心理准备，如果你打算培养人才，就要接受他可能"犯错"的事实。

给予成员"试错"的空间，也是培养人才的必要"付出"。如果一个管理者总是不允许自己的团队成员犯错，那么只有一个办法，那就是永远让他去做一些简单的、没有挑战的事情。当然，在这样的条件之下，平凡人是不可能蜕变成为人才的。

【拓展链接】在人才培养中，管理者自己需要做的两个改变

想要让一个人觉得自己能够对团队有所贡献，并由此"点化"团队成员，推动他走上自我进化的道路，管理者自己先要改变一些传统的管理思路。

一、管理者的思维要从"管"走向"理"

所谓的管，就是约束、灌输，而"理"，则更多地理解员工、引导员工。在很多时候，管理者就像是一个教师，不仅要维持班级秩序，更重要的是传授经验和知识，让学生在自己的手下不断成长。

二、管理者的思维要从"你跟着我干"，转向"你看着办"

母鸡培养小鸡，就是让小鸡跟在自己身后，亦步亦趋，所以，鸡永远是鸡。老鹰培养小鹰，则是在悬崖上一脚踢下去，让它自己去飞，所以，最后能够鹰击长空。管理者也要向鹰学习，不妨在关键时刻"推"员工一把，让他知道自己究竟有多大的潜能。这一把推得好，一个人才就应运而生了；即便推不好，最差的结果不过是回到起点而已。

团队应有"多兵种协同作战"的能力

释迦牟尼问弟子:"一滴水怎样才能不干涸?"

弟子们面面相觑,想不出答案。

释迦牟尼告诉他们:"把它放到大海里。"

一个人为什么需要团队?因为团队不仅是一个"集团作战"的地方,更是一个给人充电的地方。好的团队,可以让人获得源源不断的激情和动力,时刻提高人的能力和见识。

无论一个人的能力有多强,如果他一直单打独斗,总有能量耗尽的一天。这就如同沙漠的水,很快就会被严酷的环境蒸发、干涸。要想更好地实现自身的价值,就要让自己成为团队的一分子。因为在团队中,你能创造许多个人无法创造的奇迹,取得靠自身力量不能取得的成绩。正如冯梦龙所说:"大厦之成,非一木之材也;大海之润,非一流之归也。"

对于团队而言,想要持续成功,也绝不是靠一两个人的力量就能做到的。因为每个人的精力都是有限的,能力也是有边际的,小目标尚且可以独立实现,大任务是不可能独立完成的。企业的发展,靠的不是个人英雄,尤其是到了今天这个万物互联的时代,几乎每一个团队任务都可能是跨专业、跨领域的"复杂任务"，必须要不同的人才组合起来，才具备完成任务的"硬实力"。

古代中国，有一只传奇军队——戚家军。

戚家军全部加起来也不过只有4000多人，而且这支军队是由义乌、东阳的普通农民和矿工组成的。当戚家军刚开始组建的时候，很多人都认为：这是一只杂牌军，怎么可能打赢全副武装的倭寇军团？

然而，就是这样一支看似杂牌军的团队，从嘉靖三十八年成军，到万历十一年戚继光卸任，一共参加了上百场战役，没有失败过一次。4000人的军队，先后击败了总数超过十五万余人的敌人，创造了军事史上的神化。

戚家军为什么能够百战百胜？主要原因就是，他们讲究多兵种协同作战。

戚家军有一个著名的阵法叫鸳鸯阵，这个战阵中，一共由12名战士组成。站在最前面的是队长，队长身后紧跟着的两名士兵，是藤牌兵，他们手执盾牌，负责为队友遮挡敌人的进攻。藤牌兵后面是两名"狼筅"兵，他们手持三米多长的"狼筅"作为武器，打击面积很广，负责远距离打击。"狼筅"兵身后是手持短刀的士兵，如果敌人靠近战阵，这些士兵就会发起攻击。

靠着合理的人员分配，戚家军将个体力量巧妙地凝聚在一起，最终形成了强大的战斗力。虽然他们的单兵作战能力可能不如敌人，但是组合起来之后，却比敌人强大的多，在战场上形成了压倒性的优势。

团队想要打赢一场战争，就需要"多兵种协同作战"，这是一个从古到今都适用的道理。透过戚家军的奇迹，我们也当领悟到和团队有关的三点启示。

启示一：团队的力量并非个人力量的简单相加。一个成功团队，可以将每个成员有机地组合到一起，实现一加一大于二的效果。

启示二：团队的分工至关重要。没有合理的分工，就无法应对复杂的局面。

启示三：团队的责任在于发挥每一个成员的长处。每个人都有优劣势，让成员发挥优势即可，至于成员的缺点，大部分是可以通过相互协同来弥补的。

在理解了这三点之后，我就可以找到让团队"完美协同"的方法。

首先，一定要分工合理、责任明确。

团队的分工，最关键的目标就是"让每个人都去做他们最擅长的事"。人都是有缺点的，如果你交给他的工作，正好在他的"痛点"上，肯定是做不好的。想想看：让一个性格急躁的人去负责和客户沟通，让一个慢性子人去当"突击队长"，他们怎么可能做得好？管理者最重要的能力，不是培养少数什么都能做的天才，而是发现每个人身上的闪光点，然后将他们放到合适的岗位上。

其次，要保证团队沟通的便利性。

团队在多兵种协同作战时，信息共享是关键。尤其是那些工作互相关联的同时，他们之间的沟通一定要顺畅，发现问题及时指出来，才能避免小问题变成大问题。

在这个过程中，管理者需要担负的责任就是，信息采集和信息汇总。这就如同是军队作战，各个兵种都把战况报告给司令部，司令部根据已有的信息判断战争的走向，并把最新的命令信息发送给各个部队。一个团队如果信息沟通不畅，就很难真正实现协同作战。

最后，给团队"适当难度的任务"。

团队协作，是为目标服务的。如果目标太近，就没有必要协作；如果目标太远，则协作无意义。例如：当我们接到了一个简单的任务，这个时候，我们就可以直接把它安排给团队中的某个人。不要直接把任务扔到团队里，说："你们来解决吧"。

对于团队来讲，有时候任务简单才是真正的灾难——大家都觉得别人可以完成，根本不用自己出马，所以人人回避。结果，简单的任务反而成了团队的一个障碍。更可怕的是，如果类似的事情多次发生，会让团队成员在面对任务的时候，产生"习惯性推诿"的心态，这对于团队的建设是不利的。所以，管理者在组织团队协作的时候，一定要选择合适的目标。

美国加利福尼亚大学的学者曾经做过一个实验：

他们把6只猴子分别关在3间房子，每间2只。

第一间房子，地面上就是食物，可以轻松获取到。

第二间房子，食物掉在半空中，离地面的高度正好约等于两只猴子加起来的高度。

第三间房子，食物在房间天花板的正中间，猴子们看得见，却不可能摸得到。

两天之后，学者打开房门，结果发现：

第一间房子里的猴子一死一伤。因为获取食物太容易了，它们都想独占食物，于是打了起来，导致有一只猴子在争斗中丧命。

第三间房子里的两只猴子，全都饿得奄奄一息，它们已经两天没吃到东西了。

第二间房子里的猴子活蹦乱跳，它们两个通过合作的方式，一只猴子踩到另一只猴子的肩膀上摘取食物，所以都活得好好的。

这个试验很好地说明了"目标"在团队协同中的作用——只有合理的目标，才能促进协同，太简单或太难的任务目标，都会对团队造成破坏。

团队的多兵种协同能力，是在不断地磨合中形成的，但前提是，我们必须要有这方面的主观意识，要充分认识到分工、沟通和目标设置的重要性，才能更好地促进团队的协同能力。

【拓展链接】有"缺点"的员工更善于协同作战

出色的团队，必须要能够容忍成员的缺点，原因有两点。

一、人无完人，不能期待过高，祈求找到完美的成员。"全才"毕竟是少数，在大多数情况下，我们都必须要接受自己的团队是由一群既有优点又有缺点的人组成的。

二、从性格发展的角度来讲，有缺点并且能够意识到自己缺点的人，他们比那些自视甚高的人，更愿意投入到团队的协作作战中去。

准确把握需求，再去谈奉献

服，不服？这是个大问题。

团队成员之间互相不服，就要有矛盾；下属不服领导，就要有隔阂；领导不服下属，就要有口角……怎么给团队赋能，让自己的团队"服服帖帖"呢？

这是一个需要管理者和团队成员共同解决的问题。

我们思考一下：在一个理想的团队中，成员之间应该是什么关系呢？是管理和被管理的关系？是合作的关系？不！都不是，是奉献的关系。越是优秀的团队，成员之间的奉献关系越明显。为什么这样说呢？

我们可以结合几个团队协作的场景，详细地解释一下这种奉献关系。

1. 每个处于工作流程上的人，他们想的不仅仅是怎么把自己的事情做好，同时也在想——我要怎么做，从事下一个流程的同事才能够更方便？

2. 同事之间在相互配合的时候，会想一个问题——我们怎么做，上级才更省心？当然，他们心里这么想，嘴上可能却在说："咱们一步到位把事情做好算了，免得某某某叨叨咱们。"但不管怎么说，从内心来讲，他们愿意给自己的上级"减负"。

3. 部门和部门之间在协同的时候，会考虑到对方部门的实际情况。他们经常说的一句话是："你希望我接下来这么做？"而不是："我接下来要怎么做，你适应一下。"

4.上级会和下级说:"这个事情定下来了,在执行的过程中有什么问题,你们来找我,咱们一起解决。"而不是说:"你们必须要达成某个目标,我只要结果,不管过程!"

以上场景在优秀的团队中是很常见的,而这些场景归纳成两个字,其实就是"奉献"。

可能说到"奉献"两个字,很多人第一时间想要的就是"只求付出、不计回报"之类的定语。实际上,在团队中,奉献两个字的核心要义是——对于同事需求的准确把握。

团队中的人和人,为什么有时候会相互"不服"?主要原因就在于,某个人提供的价值,和其他人的真实需要不"对口":下属们需要领导高瞻远瞩的制定规划,可领导却纠结于细枝末节的小事儿,下属自然就不服领导;一个成员认为某件事情很重要,需要马上解决,可另一个同事却在专注地做其他事,根本没意识到这件事情的重要性,彼此间就出了问题。

所以说,**团队奉献的深层含义,其实是"供需对口"**。

现实中,不少的团队管理者,一开始就把事情搞错了。他们辛辛苦苦地提升自己的专业能力,每天加班到很晚,可员工对他们却还是缺乏足够的尊重和敬畏。他们在想:"我能力这么强,也足够努力,你却不服我?问题出在哪?"

其实,问题就出在——这种付出,不是成员们想要的价值。

2009年前后,支付宝在经历了一个快速发展之后,进入了迷茫期。当时,很多支付宝的员工不知道未来究竟要朝哪走,他们觉得自己失去了方向。

这时候,马云想到了彭蕾。

彭蕾是哈里巴巴的元老,当时是集团首席人力资源官,但之前没有任何金融业务的管理经验。而且，彭蕾的母亲在农村信用社工作了一辈子，因为常年和钱打交道，所以母亲的精神一直比较紧张，身心疲惫。有了母亲的"前车之鉴"，彭蕾并不太愿意接手支付宝业务。

然而，马云却对她说："你要去支付宝当 CEO。"

彭蕾想要推辞，说："我没有做过金融，完全不知道怎么做。"

马云说服道："不懂金融没有问题，我相信你可以把支付宝做好。去了那里，你告诉你的团队，我不懂金融，但是如果哪天我比你们还懂金融的话，那么证明支付宝有麻烦了。"

于是，不懂金融的彭蕾，成为支付宝这个金融团队的领头人，她是怎么做的呢？

就职很长一段时间之后，彭蕾只做了一件事——把自己当成用户，站在用户的立场去审视支付宝的易用性。他对团队成员说："我不懂金融，也不懂技术，但是正因如此，我可以完完全全从客户的角度出发，去协助你们对支付宝进行改造。"

工作中，彭蕾经常对团队成员说的话是：

这个功能我都不会用；

这个界面我看不懂；

这个按钮太小了，我经常会点错；

……

彭蕾对团队成员说："你们首先要把我这个用户服务好，如果连我都服务不好，那么证明我们的产品确实存在问题。"

在这一理念的带领之下，支付宝团队似乎有种拨开明月见青天的感觉，他们找到了方向，通过不断的改进，支付宝成为一款非常好用的产品，也成就了支付宝在消费者心目中的地位。

彭蕾没有专业背景、没有相关经验，为什么能够得到员工的信服？就是因为她提供了有效的价值。**在团队中，只有产生"公用价值"，才是得到他人认可的唯一途径。**

什么是"公用价值"？就是你做的事情，不仅对自己有利，更能帮到其他大多数团队成员，这才是团队所需要的价值。

一个团队，当团队中的成员，彼此都能够为对方创造价值、生产价值的时候，才算是进化成为一支"潜力团队"。在一个能够相互创造价值的团队里，由于没有"不服"，所以彼此更加信任、更具凝聚力，因此团队的能力就变成了个人能力的乘数。

【拓展链接】足以服众的内在气质

管理者要服众，除了要具备外在的"价值"之外，还应该考虑到内在的气质。一般来讲，拥有以下几种气质的管理者，更容易让员工信服。

一、举止稳重。一个举止稳重的管理者，会给员工更大的安全感，毕竟人心大多是向往稳定的，因而也更容易服众。

二、拥有主见。管理者要有自己的判断力和决断力，也就是人们常说的"主见"，这样的管理者才能服众。

三、有亲和力。有人认为威严的人更容易服众，但是在大部分情况下，那些威严的人只会让人畏惧，而不是信服。相反，待人亲和的管理者，更容易服众。

团队与共同专注力

一个人想要获得成功，专注是必要的条件。就像作家格拉德威尔说得那样："一个人如果能花一万个小时专注在某件事情上，他就会成为这个领域的专家。"遗憾的是，在生活中能够做到"持续专注"的人，少之又少。

有人做了一个时间计算：假设 24 岁参加工作，60 岁退休，算下来工作时间是 36 年。36 年，每天拿出一个小时来搞自己的专业，加起来就是 13140 个小时，已经超过了"专家"的标准。但我们做不到，因为人毕竟是要休息的，一年 365 天扣除节假日 119 天，就只剩下了 246 天，每天工作 7.5 个小时，一年需要工作 1845 个小时；36 年的有效工作时间为 7.58 年。

在这 7.58 年的时间里，人们虽然是在工作，却不一定是专注的，可能有的时候在浑水摸鱼，有的时候在胡思乱想，真正用来潜心钻研的时间又被缩减。所以，最终的结果就是，这个世界上专家、大师很少，平庸的人占了大多数。

有人问中国台湾经营之神王永庆：你的成功经验是什么？

王永庆说："最基本的就是要全心投入、专心专注，唯有如此才能体会到工作的乐趣，才能克服浮躁，忘记艰辛和烦恼，这时工作带给你的不仅是业绩和回报，还有智慧的灵感和潜力的迸发，人生多由挫折和困顿构成，而工作蕴含着一种改变的力量，它能帮助你战胜挫折，克服困难，给人生带来喜悦和希望。"

个人因专注事业而成功，因虚度光阴而平庸，团队也是如此。

成功的团队，一定是一个目标明确、注意力集中的组织。如果团队中的人都是三心二意、心猿意马，或者团队成员的注意力根本就不在一个频道上，各想各的事情，各有各的盘算，那么这样的团队是不可能产生凝聚力和创造力的。

一名企业家正在和一家服装企业谈合作，如果合作成功的话，他将会给对方投入一大笔资金，用来拓展该企业的经营范围、提升他们的品牌形象。

不过，企业家总是觉得此次合作的前景，并不十分明朗，因为对方是一家小企业，虽然崛起的势头比较猛，但他们是否真的具备做大做强的硬实力，企业家自己也有点拿不准。为此，他决定亲自到对方的企业做一次深度调研。

那家服装企业听说"财神爷"要莅临考察，自然非常重视，他们派出了三个部门的负责人，来到企业家所在的城市，专门负责为此次考察活动全程"保驾护航"。

一行人乘坐高铁前往服装企业所在地。一路上，企业家和对方企业的三个负责人相谈甚欢，几个人一路上有说有笑，旅途倒也不寂寞。可就在大家谈笑风生的时候，企业家发现对方企业的三个负责人开始变得有些"心不在焉"，他们的注意力似乎被转移到别处。

企业家心想："这几个人，表面上看起来客客气气的，非常周到，其实内心可能并没有多少尊重。"所以，他显得有些不高兴。

过了几分钟，那三个负责人缓过神来了，他们发现企业家的谈兴不如刚才了。其中一个人立刻意识到，企业家之所以有情绪，可能和刚才他们三个的"集体失神"有关系。

于是，这个人主动解释道："可能您刚才没有注意到，坐在咱们右后方的几位乘客，在讨论有关刺绣的话题。"另一个负责人也赶忙说道："没错，他们是少数民族的，在他们当地，有一种特殊的刺绣工艺，可以在布料上绣出非常立体的独特图案。我们都是搞这一行的，一听到这种话题，注意力立刻就被吸引过去了。"第三个负责人也笑了，说："原来你们两个也听到了，我觉得这种工艺虽然比较古老，但是有值得借鉴的地方。"

第一个负责人又说："您别介意啊，我们单位的人都是这样，一听到关于服装工艺的话题，就有点忘乎所以了。"企业家听罢，心里的疙瘩解开了，而且他还非常高兴，说："你们这个团队很不错，心往一处想，劲儿也能使到一块儿，以后一定能成就一番事业。"

其实，就在这时候，企业家已经暗自决定——落实这次合作。

果然，后来企业家和服装企业签署了协议，为他们投入了一大笔资金，而这家服装企业也没让他失望，果然花了不到两年时间，就发展成为全国知名的服装品牌。

事后，企业家提起当初为什么愿意和对方合作时，如是说道："通过火车上那件事情，我觉得这家企业的团队是有专注力的。要知道，一个人有专注力就很不容易，一群人有共同的专注力，那就更难了。这样的企业，一定能干出个样子来！"

企业家的话，道出了团队成功的秘诀——共同的专注力。**简单来说，团队的专注力，是建立在高度凝聚力基础之上的普遍共识。**

团队就如同马拉车，一匹马拉车的时候，虽然很吃力，走起来很慢，但是它毕竟还是能动；一群马拉一辆车的话，如果大家没有"团队专注力"，有的往东，有的往西，有的要歇歇脚，有的要蹬蹬腿儿，如此一来，虽然马多了，车却不见得能走得快。相反，如果大家都专注于同一个目标，一起使劲，一起用力，车自然能跑得更快。

团队专注力，主要涉及两个要素：统一的目标和统一的行动。

上述两者，缺一不可，相辅相成。光有统一的目标没有统一的行动，团队向前走的时候步伐就要乱，结果就会导致，尽管大家朝着同一个方向走，但是行进过程中，不是我绊了你一下，就是你踩了我一脚，这样的团队走不开，也走不远。

反过来，只有统一的行动，没有统一的目标，团队就是一群没头的苍蝇，各自乱飞，谁也找不到真正的出口。一个专注的团队，必须目标统一、行动协调，才能朝着既定方向步调一致地快速前进，一路上彼此扶持、彼此成就，最终达到团队预期的终点。

【拓展链接】团队专注力的三个体现

如何才能判断自己的团队是否具备了团队专注力？

管理者可以观察一下，员工是否具备三个表现。

一、一群人会不自觉地聊到工作

在团队进行集体活动的时候，无论氛围有什么轻松，话题有多么精彩，但团队成员们还是会不自觉地谈到工作上的事情，这是具备了团队专注力的表现。

二、员工在工作时，注意力不会被转移

管理者可以在团队进行紧张的工作的时候，提出"要不今天我们去放松一下，大家讨论讨论去哪吃。"那些有专注力的团队，虽然不会抗拒这个提议，但是他们一般不会在这件事情上花太多时间，通常都是简单讨论一下，就会回到工作的议题上。

三、员工不会被他人的评价"带偏"

经常会有一些外人，来评价本团队员工的工作，但是如果一个团队具有专注力，那么对于外人的各种评价，只会置之一笑，因为他们很清楚地知道自己在做什么、该做什么。

第五章

激励 | 荣誉与金钱，哪个更重要？

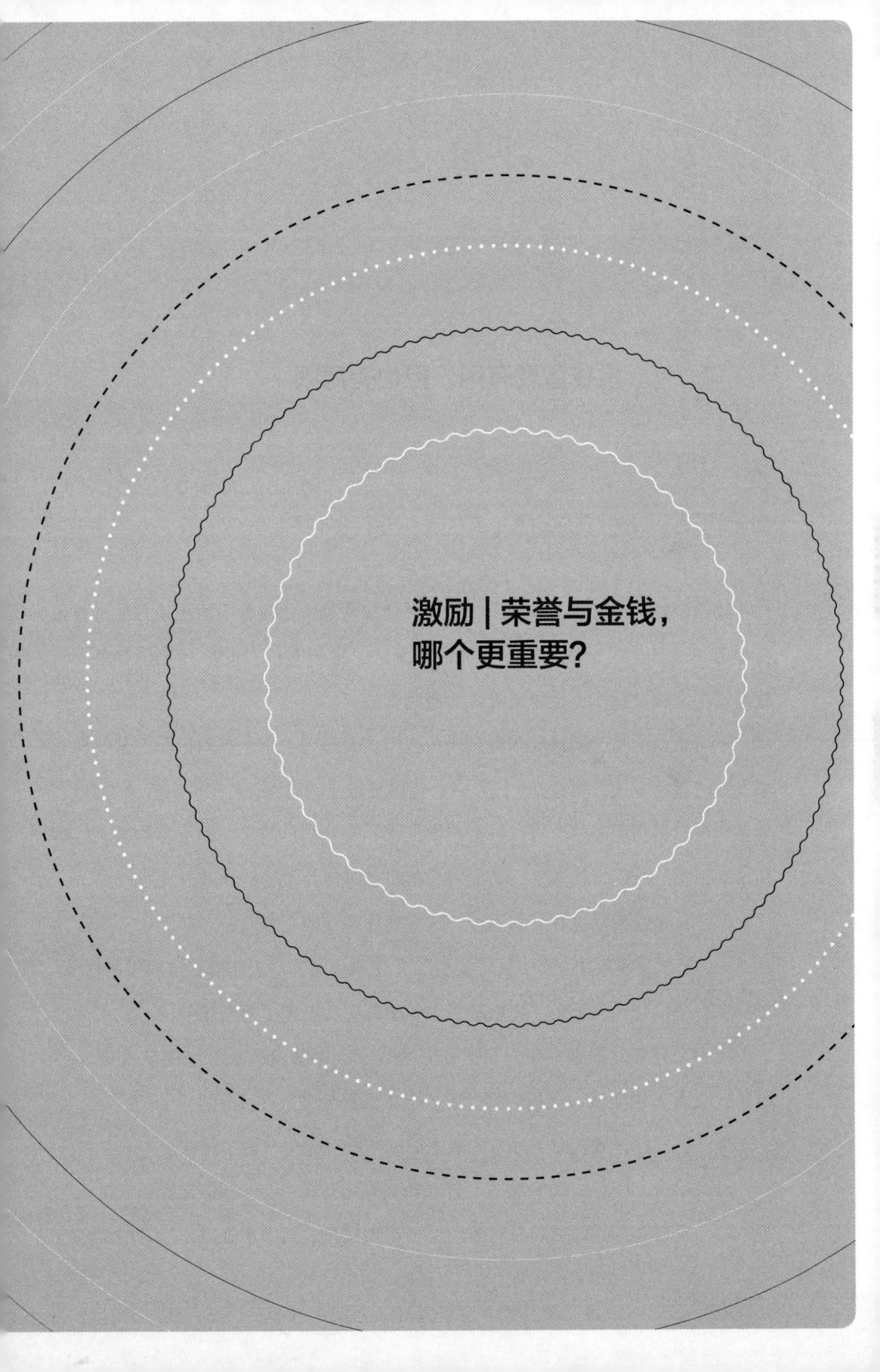

金钱激励有用，但也有局限

物质激励，或者说金钱激励，是一种比较常见也比较管用的激励方法。有人甚至简单地认为，金钱激励是万能的激励法，他们坚信"重赏之下必有勇夫"，故而就把金钱激励作为主要或唯一的激励方法。

不可否认的是，通过涨薪资刺激员工完成管理者希望达到的目标，是一种简单有效的激励方式。毕竟，金钱是一个可以被量化的东西，人在付出劳动的时候，总希望可以得到明确的、可以被衡量的回报，金钱恰恰就是一种最容易被人们所衡量的回报。所以金钱激励，是最容易被员工理解并接受的激励方式。

但是，金钱激励也有其局限性，这主要体现在四个方面：

第一，在金钱激励之下，员工会更加关注那些能够马上获得确定回报的任务。

在一个以金钱激励为主要激励手段的团队中，出现了两个任务：

第一个任务，周期一年，只要任务完成了，团队就会从B级团队变成A级团队，成为A级团队，队员们的月收入会上涨百分之五到百分之十。

第二个任务，周期一个月，完成之后的奖励很简单，两千块钱。

面对这两个任务，大多数员工会选择努力完成哪一个？相信选择后者的人会多一些，虽然前者的奖励数目比较大，可是周期长，结果不确定。后者的奖励虽然有限，但是周期短、数字明确。

由此可见，如果团队只有金钱奖励的话，那么大部分团队成员都会变得非常短视，他们不会为团队的长期利益考虑，只关注自己下个月能领到多少钱的工资。

第二，金钱奖励会削弱团队成员的合作积极性。

在合作中，合作方的具体贡献是很难被量化的。

假设，三个人一起完成了某项工作，得到了一笔奖金，怎么分？每个人都觉得自己贡献大一点，应该多分一点，但是议论来议论去，最后的结果大多数情况下都是平均分配。这样一来，每个人又都觉得自己吃了亏——"不如我自己干，拿多拿少都是自己的，无怨无愧"。在如此心态的指引下，团队成员自然倾向于单打独斗，不再愿意进行合作。

第三，唯金钱论，会导致团队的道德滑坡。

如果用金钱作为唯一的标准去衡量对错，那么人们的价值观可能会发生错位，团队的道德可能会因此滑坡。

剑桥大学两位经济学家曾做过一个研究：一家幼儿园明确规定，学生家长每天要在下午四点以前把孩子接走。可是，很多家长会迟到，并且"屡教不改"。于是，幼儿园又出台了一项规定：对迟到的家长进行罚款。

从政策出台之后，经济学家便对家长们的行为进行观察，他们发现，这项政策开始执行之后，家长们的迟到现象非但没有减少，反而增加了，且他们迟到得更加理直气壮。

过去，迟到的家长是非常愧疚的，他们会向延迟下班的老师反复说对不起。可当新的政策出台之后，家长们一点愧疚之心都没有——反正你们已经罚款了，我迟到得心安理得。

尽管这是一个反向的金钱激励案例，但同样可以证明，唯金钱论，确实可以造成人们的道德滑坡。团队中，如果一切都可以用金钱衡量，那么金钱就会变成唯一的标准——让我为集体多做一点事情，可以啊，给我多少钱？让我今天帮助某某完成一个表格，没问题，他要给我多少钱？

这样的风气一旦形成，就无法扭转了。团队收益比较高的时候，人们能在金钱的驱使之下努力工作，一旦团队陷入暂时的危机中，成员就会极为不满。毕竟，他们的思想观念已经根深蒂固：工作只是为了挣钱，凭什么让我承担团队危机带来的后果？这个时候，多数人都忘记了，团队的危机与团队中的每个人都有关系。

第四，金钱激励可能会导致人们总想"走捷径"。

如果一个人能够用简单的方式获取金钱，那他通常就不愿意采取复杂的方式；能投机取巧，就一定不愿意费尽全力。所以，如果团队的激励手段只有金钱激励的话，就会助长团队成员投机取巧的歪风邪气。

正因为单纯的激励，会带来诸多的负面效果，且对于团队来讲，金钱激励也是一种成本比较高的激励方式。所以，团队管理者一定要以其他低成本的、非物质性的激励方式，来作为金钱激励的补充。

在经常用的非物质性激励方式中，认可激励大家都比较熟悉，也就是前面强调过的"荣誉激励"；还有一种是工作吸引激励，就是通过给员工安排一些他擅长的、并且能够做好的任务，帮助他获取成功体验，来对他进行激励。

很多心理学家认为，这两个非物质的激励手段，其效果并不比金钱激励差。团队的管理者应该明白什么时候采取金钱激励，什么时候采取非物质激励。

研究认为，如果一个团队的薪资水平已经比较高，那么金钱激励的效果就会大打折扣。这很好理解，假如一个团队的平均薪资是5000元，当你奖励员工1000元的时候，他自然非常高兴，激励的效果也会很明显；当团队的平均工资是20000元的时候，你奖励员工4000元，他的反应就没有那么强烈了，激励的效果也大打折扣。

尽管从薪资比例来看的话，5000∶1000=20000∶4000，企业所付出的激励成本比例是一样的，可后者的激励效果就是不如前者。所以，随着薪资水平的提升，团队应该越来越注重非物质的激励手段。

　　Google 公司众所周知，他们的员工薪资水平都比较高。在此情况下，为了有效激励员工，谷歌推出了许多非物质的激励手段。例如，Google 允许工程师拿出 20% 的时间来研究自己喜欢的项目，这其实是一种"自由激励"。Google 的这种激励手段效果非常明显，虽然给了员工 20% 的自由时间，但是统计表明，员工的产出却提高了 120%。

　　还有一个国内的团队，也采取了非常有特色的激励手段，它就是逻辑思维团队。

　　在逻辑思维团队中有一种东西叫"节操币"，每个员工都会有一些数量的节操币，但是这个节操币自己不能用，只能发给那些帮助自己的同事，而同事则可以拿着节操币去换取真正的人民币。通过节操币的奖励方式，逻辑思维内部的协作非常流畅。从表面上看，这也属于金钱激励，但是从实质上来说，它是一种信任激励、信用激励。

　　知名网络巨头 Facebook，则采取了更加实惠的激励方式。他们的厨房里，提供免费的零食供员工享用，且所有的零食都是绿色健康的。员工们吃着零食，心情当然非常好，工作起来也格外努力。

　　以上企业，都采取了一些非金钱激励的手段，而结果也证明，这类激励的效果非常好，值得所有团队管理者去学习借鉴。当然了，激励从来都不是一件需要"照本宣科"的事情，我们要根据自己团队的实际需要，以及管理者对团队的真实期望，去制定相应的激励办法，摆脱单调的金钱激励方式。

【拓展链接】非金钱激励对管理者的要求

非金钱激励会产生极好的效果,但是采取非金钱激励,对管理者提出了一些要求。

一、管理者要具备运用社会认可和绩效反馈的能力。

二、使用非金钱激励需要领导者有较高的诚信和道德水平。

用激励激发潜力

每个人都有"潜力",之所以称为潜力,就是因为它可能会被激发,也可能永远深埋在人的身体里。一个团队,如果能不断激发员工的潜力,让他总能在关键时刻"超水平发挥",那么你会发现,团队的能量远比想象中要大得多。

据美国哈佛大学教授威廉·詹姆士研究发现:在缺乏科学、有效激励的情况下,人的潜能只能发挥出20%~30%,科学有效的激励机制能够让员工把另外70%~80%的潜能也发挥出来。由此可见,想要激发员工的潜力,"正确激励"是关键。

有一家零售企业,在业内处于中游位置,但是经过多年的快速发展之后,企业进入了"发展停滞期"。企业负责人认为,在瞬息万变的市场中,不进步就意味着退步,所以必须要想办法让企业摆脱当前的停滞状态,激发员工的"新动能",为创造下一个快速发展期提供条件。至于能否完成这个任务,关键就要看一线销售团队的表现了。

该企业的一线销售团队,人员结构比较稳定,薪资水平处于同行业中等地位。他们的销售目标,是由企业负责人制定的,奖金主要与月度目标完成率相关。为了让企业进入快速发展期，企业的负责人给销售团队制定了比较高的增长目标。可销售团队却认为，这个目标是难以实现的，他们经常会申请调低月度目标。

企业负责人认为，销售团队总是申请调低目标，是因为他们没有挖掘出自身的潜力，"故步自封、不思进取"。可在销售团队看来，团队业绩之所以没有快速增长，主要是因为产品的设计、供应存在问题，"锅"不应该由自己来背。

不管怎么说，现状是需要改变的。为了响应上级的号召，激发团队的潜力，团队管理者修改了激励方案——将以往的月计划，变成了年计划。如果到年终的时候，团队超额完成了任务，就会有一大笔奖励金，且这个奖金上不封顶，超额多少，就发放相应比例的奖励金。

更重要的是，这个奖励机制虽然是跟着年度计划走，可在核算的时候，是按照季度来进行核算的。新的奖励制度规定：如果团队能够在前三个季度完成年度计划，那么最后一个季度所产生的所有利润，团队可以直接从中拿走50%以上的提成，具体怎么分配，由团队内部自行决定。

新的奖励计划出台之后，情况发生了很大的改变。原来，每个人的提成额度是固定的，所以员工们觉得：我努力或不努力，每个月所挣到的钱也差不多。为此，很多员工在工作的时候，并没有那么上心。

现在变成了年度提成，那么到了年底，每个人的提成将有非常大的差别，努力的人，可能会领到一笔巨额提成，而那些一年中都没怎么努力的人，其收入和同事比起来可能就显得有些寒酸了。新规定还指出，如果能在前三个季度完成年度目标，那么最后一个季度的利润将会有一半作为提成发放给团队成员。这就意味着，如果能够"激活"这个分配机制的话，那么到了年底的时候，所有人都会获得一个非常可观的额外收入。

为了拿到这个收入，还没等团队负责人进行动员，员工就开始聚在一起商量——如何用三个季度时间完成全年任务？团队的积极性空前高涨，所有人都变得更富战斗精神和团队精神。

果然，就在当年，团队用三个季度，就完成了全年任务，之前他们所说的那些"销售障碍"，好像一下子就不存在了。到了最后一个季度，团队变得更加"疯狂"了，因为他们知道，这个季度的收益，有一大部分可以装到自己腰包里，所有人都非常努力。结果，在最后一个季度，团队完成了超过1000万的销售业绩，比同期提高了100%！

上述团队为何能在短时间内发挥出自己所有的潜力？就是因为企业的激励方式发生了变化。过去，该企业同大多数企业一样，采取"领导压任务"的方式来激励——我给你设置一个任务目标，完成了就奖，完成不了就罚。这种方式简单粗暴，但是往往效果一般。

后来，该企业修改了自己的激励方案，从简单的领导压任务变成了"让员工自己找任务"，从"按我说的办"到"你自己看着办"，政策的变化，导致员工的心态也发生了变化，他们更能够直观地看到"未来"的工资差距，也能够非常明确地知晓"努力和不努力将会产生明显的差异"，所以，他们的主观能动性被调动起来，潜力也就被激发出来了。

管理者应该明白，如果你给团队成员压任务，那么他一定会想办法和你博弈。现实中，很多团队都出现过这样的状况：管理者给了一个任务目标，所有的团队成员联合起来，故意不完成任务，最后集体向团队负责人反映："您看，您定的这个目标，没有人能完成，不如把目标降低一点，要不然目标太高，也没有意义。"所以，压任务的效果，可能在初期十分明显，但是往后会越来越乏力，甚至会使团队成员与管理者离心离德。

压任务不行，放任团队自己制定任务目标也不可取，因为员工会给自己留很大的余地，造成团队的既定目标无法实现。最好的办法，还是团队给一个目标范围，让员工自己去找目标，且"找到目标"越多的员工，就可以获得越多的"奖励"。

就如同上述案例中的团队那样——先制定一个比较笼统的年度任务，然后告诉员工，超额完成任务会有比较大的回报，也就是说，员工会得到"超额激励"，如此一来，员工们的主观能动性就会被充分地调动起来，潜力也就被激发了。

美国心理学家弗鲁姆认为：人们在预期他们的行动将会有助于达到某个目标的情况下，才会被激励起来去做某些事情。简单来说就是，你得让员工看到"激励的效果"。而且在大多数情况下，"激励的效果"并不是一个独立的存在，而是在比较中存在的。比如说：甲每月可以得到100元的奖金，乙可以得到200元，那么甲会觉得和乙差不多；但是同样的奖金，换成集中发放的模式：甲到年底拿到了1200元，乙拿到了2400元，通过比较，甲就会觉得自己拿的太少了，因而产生"我要追上乙"的想法。

这就是激励的比较定律。想要激发员工的潜能，一定要善用"比较定律"，只有让员工觉得激励的差异是如此明显，激励才会对他们产生作用，才能通过激励挖掘出员工的潜能。否则，大部分员工只会整天以"差不多"就行来安慰自己，让自己永远待着舒适区里不出来，非但潜能发掘不出来，本来有的那点儿能力，可能也不会很好地发挥。

【拓展链接】"潜能"的转化

我们希望员工发挥潜能，但不得不承认的是，员工的潜能大多数时候都是"自私"的——在对自己有利的问题上，很愿意超水平发挥、超时间工作；如果让他做一些仅对团队有利的工作，潜能往往就会被"雪藏"。

怎样才能让员工的潜能为团队服务呢？我们需要通过两个办法进行转化：

一、将团队利益"折现"

很多时候，员工在为团队做事情的时候，其实收益是很低的。如此一来，他们自然不愿意尽力做事。这不是员工的问题，而是团队激励机制的问题。作为一个团队，一定要把团队的利益进行"折现"，为团队作出的贡献越多，就应获得更多。唯有如此，才能发挥团队的作用，杜绝团队成为个人利益的"角斗场"。

二、设置团队激励

在激励机制中，除了"个人激励"之外，还应该加入团队激励。大多数团队的激励机制都是针对个人的，我们还应该对团队进行激励。比如，团队完成了重大任务，除了给每个参与者发放奖金之外，也可以给团队一笔奖金，让其自行使用或分配。如此一来，员工就更愿意为团队做事了，因为个人利益和团队利益已经高度绑定。

四种"激力"

天才员工是少数，能力不足的员工也是少数，绝大多数人都是普通员工。

普通员工往上一步，会成为优秀员工；往下一步，会成为后进员工。至于他们最终是往上走还是往下走，一方面取决于个人意志，另一方面也取决于团队的引导。

有句话说得好："世上没有懒惰的员工，只有不会激励的团队。"想要让团队成为培育人才的温床以及发现人才的乐园，团队管理者需要拥有四种力量，即拉动力、推动力、压力和规范力。

· 拉动力

所谓拉动力，就是说管理者要时刻想着"拉"员工一把。很多普通员工，在最开始的时候想要跟上管理者的思维和团队发展的脚步，已经是非常吃力了。如果他们掉一次队，就会形成一种"失败的惯性"，以后他们的自信会越来越不足，上进心会越来越弱。

这个时候，管理者如果能拉他一把，让他跟上团队发展的脚步，就等于帮助他度过了一个危险期、困难期，相当于把一个站在悬崖边上的人，拉回到了安全的境地。

那么，这种拉动力该如何体现呢？

首先，在员工感到吃力的时候，要及时发现、察觉，并给予适当的帮助；其次，对于那些暂时掉队的员工，先不要忙着批评、贴标签，而是和他一起分析"落后"的原因，让他知道，团队不会放弃每一个人；再次，对于犯了错误的员工，不要一棒子打死，该批评批评，该指正指正，要给他一个改正的机会，这是最强大的拉力。

"拉员工一把"，是每个管理者需要谨记心头的管理诀窍。大多数管理者在自己还是普通员工的时候，往往属于那种能力比较突出的一类人，他们很少需要别人拉，所以在成为领导之后，会下意识地认为："只要努力就没有干不成的事儿，如果没干好，肯定是你态度不对、努力不够。"作为管理者，不能总用精英思维去审视自己的下属，更要学会用普通人的想法，去衡量他们的工作。

在体育界，有一个比较普遍的现象——那些天才球员退役之后当教练的话，成绩都比较一般；相反，很多知名的教练，在他们的球员时代，都属于比较平庸的球员。为什么会出现这一状况？就是因为天才球员当教练之后，会觉得事情很简单，为什么你们就是做不好呢？所以他总是在质疑自己的队员，没有"拉一把"的意识。相反，那些普通球员当教练，他知道一般球员的挣扎和不安，因此能够设身处地地帮助普通球员更进一步。

在一个团队中，那些天才是不怎么需要管理的，无论什么情况下，他们都能发挥自己的价值。但是，这样的人是极少数，绝大多数团队成员都是普通员工，他们能够发挥出什么样的潜力，直接决定了团队的"上限"。作为管理者，要理解普通员工的难处，帮助他们渡过难关，才能从根本上释放团队的全部能量。

· 推动力

推动力，指的就是"外力的鼓舞"。如果说拉动力是一种精神上的激励，那么推动力就属于一种物质上的动力——通过物质激励，让员工充满斗志。

任何人做任何事情，都会想同一个问题：需要付出什么，能够得到什么？其中，关于"能够得到什么"的思考，是推动其做事的一个强大动力。所以，团队的管理者应该让自己的成员明确地知道，他通过努力能够获得什么？

很多管理者喜欢给团队成员画饼——将来我们会如何如何，将来你能如何如何。这样的"激励"，一次两次可能有用，如果时间长了，可能会产生副作用。而有效的激励是"做完这个项目，咱们能获得什么？""完成了这个任务，你能有多少回报。"

管理者应当把物质激励，实打实地讲出来，无论多少，都没有必要遮遮掩掩、糊里糊涂的，大家开诚布公地去为自己的利益打拼，是一个团队勇往直前的重要推动力。

· 压力

管理，既要拉和推，也要压。如果不能给员工适当的压力，那么团队就会陷入自己的"舒适区"里难以自拔，失去紧迫感和危机感。当团队面临困难的时候，如果员工仍然不能感受到压力，又可能会陷入"温水煮青蛙"的困境中，整个团队会在不知不觉中沉沦下去。

一次，拿破仑外出打猎，路过一个池塘，看到一个男孩落在了水中，男孩一边挣扎一边呼救，看到有人来了，他的动作明显慢了下来。拿破仑见状，非但没有去救他，反而端起了枪，指着男孩说道："赶快，自己爬上来，没人会救你！"男孩见求救无用，反而增添了一层危险，便拼命奋力自救，终于游上了岸。

其实，大部分人和那个男孩一样，在有退路的时候，都很容易偷懒和松懈，即便情况已经非常危急，还是想着怎么能让自己舒适一点、轻松一点。所以，一个人也好，一个集体也好，压力都是必不可少的，它也是"激励"的一种形式。

为了提升团队的压力值，管理者就要引入竞争的机制。好的团队，合作和竞争要相辅相成，既要合作，也要竞争。

以微软公司来说，他们允许合格技术人员主动到其他专业部门里寻求新的挑战。如此一来，既加强了员工"主动竞争"的意愿，也让其他部门的人感受到了来自外界的竞争压力，可以说是一举两得。

除此之外，微软公司还鼓励员工参加职业软件工程会议。虽然他们已经是业界领先地位，但员工还是能通过这种渠道，感受到来自外界的竞争压力，不会因为身处大企业中，就产生懈怠的心态。

每一个团队，都应该建立适合本团队的竞争机制，让团队成员在压力中前行。这就如同在大海上行船一样，再大的巨轮，也不能空船行驶，必须要有足够"压舱石"，才能保证大船在风浪中依然平稳。竞争的压力就是这个"压舱石"，能够确保团队始终保持稳定。

· 规范力

所谓规范力，就是巧妙地运用外在的道德和社会规范，对团队产生正面的激励。

企业激励员工，一部分要靠企业内部的文化和机制，另一部分也要靠外在的力量，给员工以规划和激励。很多企业会组织员工参加一些社会活动，例如植树活动、探望老人活动等。通过这些活动，让员工知道，团队的存在，不仅仅具有

"个人意义",也具备社会意义,可以通过团队的力量,为社会创造更大的价值。

对于员工而言,这也是一种很好的激励方式,因为每个人都有一些崇高的追求和理念,如果能够通过团队来实现个人追求崇高的愿望,那么个人对团队的工作和事务,就会有更高的认可度。

以上四种激励员工的方法,是团队管理者所应该掌握和熟练应用的。而且,通过对四种"激力"的了解,我们也应该从中感悟到一个道理——员工激励的手段和方法,包含方方面面的内容,激励二字的边界,其实是非常广阔的,一提到激励,就只能想到"升职""加薪"的管理者,应该说还尚未领会到激励的全部含义。

【拓展链接】如何引导员工自我激励?

团队的激励可以催生出优秀的成员,与此同时,如果团队成员能够拥有自我激励的意识,那么他在工作中就能够百尺竿头更进一步。自我激励虽然是一种个体行为,但是团队可以通过正确的引导,帮助员工树立自我激励的意识。

具体来说,引导的方法有三种:

一、组织团队成员参加体育锻炼

一个爱好体育锻炼的人,他的自我意识会更加强大,也会产生更多的"自我激励因子"。因此,团队想要让成员们更加上进、更有主观能动性,不妨多组织一些体育活动,劳其筋骨,强健其意志。

二、为员工树立榜样

一个人的身边如果没有榜样,他就缺乏自我激励的动机。所以,我们要在团队中为员工树立榜样,榜样不仅是他们学习的对象,也是他们追赶的目标。有了目标之后,就会通过更多的自我激励,去实现自己的目标。

三、帮助员工树立"对手"

榜样可以激励人，对手同样可以。而且，在多数情况下，对手的激励效果会更好。所以，团队可以确立一个"竞争的对象"，让所有员工为了赶超这个竞争的对象，共同发力。而且，战胜竞争者这件事情本身，也会极大地提升员工的成就感，激励着他们不断前行。在此过程中，员工自我激励的意识会在不知不觉间悄然形成。

新领导如何激励老团队？

新领导带老团队，想要带得好，最重要的一个方法就是要有合适的激励手段。人都有趋利的本能，如果一个新领导上任，对员工的利益有所伤害，那自然就无法得到拥护。相反，如果新领导能够通过有效的激励机制，让每个人都能公平公正地从团队的发展中获取到益处，那么团队成员自然极力拥护新领导。

一个汽车4S店，最近来了一位新的销售总监，李相宜。

李相宜原本是一位普通的汽车销售员，但他很聪明，又能干，通过努力一步一步走到了今天的位置。上任之后，他想要做出一番成绩。经过仔细地思考，他认为：当前，自己所在的4S店，虽然在本地区属于规模最大的一家店，但由于成交量并不太高，一直处在亏损状态，为了解决眼前的困境，他推出了一系列的新政策。

首先，对人事进行调整，开除了一批工作消极的老员工。他认为，自己这样做可以组建起一支更有战斗力的团队。其次，制定新的团队建设目标，采取末位淘汰的方式，不断淘汰"后进"，增强团队的战斗力；最后，调整团队的激励措施，根据绩效量化方法，采取更直接更大幅的阶梯式激励措施，鼓励销售团队冲量守利。

他的这一系列改革，赢得了公司高层的支持和肯定，很快就开始执行。在最初的几个月，效果也还不错，店里的业绩稳步提升，有些员工的收入也获得了增长。然而，过了一段时间，李相宜发现，自己的团队出现了一些问题。

由于每过一段时间就需要淘汰一批不合格的老员工，所以他需要不断地招聘新人。按照原定的计划，他希望能够招聘到一些行业内的顶尖高手，来不断补充、加强自己的团队，可在实际操作中，开除老员工很容易，招新人却十分困难。不知道为什么，一些业内的销售精英，根本不愿意到自己的团队来，即便招聘到了一些新人，他们也往往坚持不了多久就会选择离开。与此同时，一些本来没有被"淘汰"的老员工，也开始大面积的离职。很快，整个团队就陷入到了无人可用的地步。

李相宜沮丧地对朋友说："现在一来招不到人，二来感觉手下也缺少一些能够信赖的人，所以很多事情都必须亲自出马。我感觉整个团队都在倒退，为什么会这样，我也搞不清楚！"

李相宜的问题出在哪？相信有一定管理经验的人都明白——对于提升新团队这件事情，他操之过急了！李相宜上任之后，马上大刀阔斧地对自己以前看不顺眼的一些现象进行了整改，坏现象得到了遏制，但团队的利益格局也发生了变化。如此一来，虽然短期内可能会取得一些比较好的效果，可时间稍长，团队必然会出问题。

作为新的管理者，自然希望自己的下属能够"先共苦，后同甘"，可对于老员工来说，想要调动他们的积极性，只能是"先同甘、后共苦"。尽管都是"同甘共苦"，但是次序错了，效果是完全不一样的。

新领导上任之后，如果大刀阔斧地搞改革，并因此伤害到了老员工的利益，势必会引起他们的不满。这种不满不会马上爆发出来，因为最初的阶段，所有人都在观望，可随着悲观情绪在团队中不满蔓延，迟早还是会爆发出来，让团队陷入困境中。

可能有些新领导会说："我针对的是个别人，又不是整个团队。"当你这么想的时候，是不是忘记了一句被经常被我们挂在嘴边的话——"团队是一个整体"。当新领导拿团队中某些人"开刀"的时候，其他成员都会"心有戚戚焉"，他们会觉得，你既然能够如此对待老同事，那么相同的命运可能有一天也会落到自己的头上。因而，整个团队就会变得人心惶惶，战斗力急剧下降。

所以，新领导接手老团队，首先应该做的事情不是"改革"，而是重塑激励机制。新的激励机制，要让大多数人都成为获益方，如此一来，才能稳定军心。

怎么激励才能让大多数人都获益？新领导需要做好以下几件事。

首先，设置稳定的薪酬方案。

新领导上任，大家都很担心自己的收入水平会不会因此下降。在此背景下，团队管理者应该设置比较稳定的薪酬方案，如先提高固定工资水平，同时降低提成幅度。这样做的目的，就是为了让大家知道：我要努力保证大家的基本收入，且试图留住每一个员工。

其次，对之前的政策进行调整。

随着销售业绩的提升，这个时候我们可以改变之前的政策，在和团队成员充分交流之后，适当降低固定收入，加大提成力度。这样做的目的就是要让那些能力突出、工作努力的员工知道，我会想办法让努力工作者获得更高的回报，以此来稳定团队中的核心成员。

通过调整薪酬政策，团队管理者向团队成员传递出了两个信息。

第一个信息是，我不会轻易放弃你们任何一个人。这个消息可以让管理者融入团队，让大部分人觉得"他是自己人"。第二个信息是，我不会亏待每一个精英员工。这个信息可以让团队的核心成员和你站在一条阵线上，避免了可能出现的人才流失，帮助管理者获得了团队的"掌控权"。

薪酬激励，是新领导管理老团队的第一步；而第二步要做的事情，就是人才激励。

新领导上任之后，肯定会有新的团队成员加入，这是普遍现象。对此，所有人都有所准备，也能够理解。只是，在引进新人才的时候，管理者不能操之过急，一定要先完成老团队的整合工作之后，再开始着手招新人。要不然，老团队的成员会认为你是在迫不及待地"培植自己的势力"，并因此感到不安、焦虑。当管理者已经融入团队，并且与老团队的核心成员建立起了初步的信任关系之后，再考虑招揽新人。

招揽新人，对于团队的老成员来讲，实际上也是一种激励。因为新人就像是"鲶鱼"一样，他们的加入，会搅动老团队这一滩死水，让老团队爆发出新的激情和活力。

不过，在招揽新人的时候，管理者要注意几个原则。

首先，公平公正原则。

很多团队管理者觉得，新来的和尚会念经，因此招来新人之后，直接就把他们放到了关键性的岗位上。如此做法，会引发老员工的强烈不满。所以，即便招来的是真人才，值得大力培养，也要按照固定的培养流程走，不能让"空降兵"直接落到"老兵"的头上。

其次，以老带新原则。

我们招来新人之后，要采取以老带新的方式，想办法让他们融入团队。

以老带新，并不完全是为了让老员工传授新员工经验，更重要的是让他们产生互动、产生联系。如果新领导不重视这一条原则，那么新人和老人就可能会形成两个"阵营"，导致新员工感觉自己不被团队所接纳，老员工感觉新员工的到来对自己的地位是重大的威胁，团队会因此分化，对管理十分不利。

新领导通过薪酬激励和人才激励两种手段，可以有效地帮助自己获得团队的掌控权，接下来再推动改革、推进新的工作模式，就会成为水到渠成的事情。

【拓展链接】新领导与老员工的相处之道

我们经常把团队中的老员工，称之为"元老"，新领导很有必要和这些元老级人物搞好关系，因为他们可能是团队的骨干，抑或团队中的意见领袖。

怎样才能和元老级员工搞好关系呢？新领导不妨从下面几个方法着手。

一、让老员工扬长避短

老员工在单位生存了这么久，一定有他的生存之道，你需要让他走在自己熟悉的那条"道"上。千万不要把老员工当成砖，哪里需要哪里搬，这块砖搬起来可能会砸自己的脚，一定要把他们放在一个合适的位置上。

二、多向老员工请教

有些老员工之所以看起来很不好相处，就是因为他们觉得新领导没有给予他们足够的重视，不了解他们的能力。怎么才能显示出对老员工的重视和了解呢？最简单的办法就是，向他们请教一些问题：一来这些老员工往往确实有些过人之处，向他们请教问题肯定会有收获；二来也是表明新领导的态度，让老员工觉得自己是受尊重、受重视的。

三、抓住老员工的痛点

当然，也有些老员工就是"油盐不进"，不想着怎么把工作干好，而是整天盘算着在办公室里"搞政治""谋利益""拉团伙"。对于这样的老员工，一定要找准他们的痛点，一下击中，才能够将他们制服。

抓准这三点，再加上正确的管理，"倚老卖老"的萌芽条件没有了，生存土壤没有了，老员工自然也就容易管理了。

用激励解决四大问题

我们不能为了激励而激励,激励是用来解决问题的。

具体来说,激励可以解决团队中的五大问题。

第一,解决管人还是管人性的问题。

很多团队面临着这样的难题——知道管理的落脚点应该是"管人性",但在管理的过程中,却只有管人的手段,而缺乏管理人性的能力。其实,激励机制的创新,就是管理人性最好的办法。好的激励手段,会指引人性向善,而坏的激励手段,则会起到相反的作用。

四川自贡市富顺县某小区,一名5岁的小女孩翻到6楼窗户外。孩子还小,能自己翻出来,却无法自己爬进去。时间一点点流逝,孩子的体力逐渐不支,随时有坠落的可能。

危险时刻,一位正在小区修空调的工人挺身而出,徒手爬上了六楼,把孩子抱回到了屋子里。这位工人是海尔公司的员工胡云川,公司知道了这件事情之后,马上提出为了鼓励他见义勇为的精神,授予胡云川"人单合一见义勇为奖"，并奖励胡云川价值60万元的房产一套。

海尔公司此次对员工的激励，其实就是对人性的激励，不仅在企业内部宣扬了自己的价值观，在社会上也引起了广泛的反响。

激励手段是有效引导人性的一种方式，一个团队，有什么样的激励手段，就有什么样的员工。你激励兢兢业业的员工，团队中就会形成兢兢业业的工作氛围；你激励诚实守信的员工，团队就会形成诚实守信的氛围……我们总在说管理人性，其实在大多数情况下，人性不是管理出来的，是激励出来的。

第二，解决"为谁工作"的问题。

团队管理的过程中，为了激发员工的主观能动性，通常都会采取一些激励手段，让他们主动为自己争取额外的利益。这就解决了一个关键性的问题——员工究竟为谁工作？

很多团队总是强调团队至上、集体利益高于一切等理念，这就让员工产生了一种错觉，他是在为团队工作。一旦员工形成了这样的思维，那么在工作中就很难调动起自己的全部积极性。毕竟，既然是为别人工作，何必那么拼命？

事实上，每个人都是在为自己工作。采取适当的激励手段，可以让员工充分认识到这一点。激励的最大特点就是——干得越多，激励越多；成绩越突出，激励额度越大。当员工感觉到自己的付出和回报成正比的时候，他自然会意识到"我在为自己工作"！

第三，解决"现在和将来"的问题。

在团队管理中，有一个悖论——管理者更加重视长远利益，而员工则普遍看重眼前利益。很多时候，管理与被管理的矛盾，都来自这个悖论。

如何解决这个问题呢？激励是一个可行的办法。

当员工做出了对团队长远发展有利的事情时，我们要多激励，如此一来，员工做了团队需要他做的事情，也获得了自己想要的东西，团队所需要的"未来"和员工所要的"现在"，都得到了满足。

很多企业，还采取了员工持股的激励手段，这也是一种典型的将眼下利益与长远利益绑定起来的激励手段。员工为了让自己手中的股票在未来能够增值，就会自觉地为企业的长远发展服务。通过激励的手段，解决了团队或企业"现在和将来"的问题，也让团队和员工达成了共识和默契，一举多得。

第四，解决"大锅饭的问题"。

激励是维持团队差异化的一种手段。在福利方面，企业一般要追求公平公正，例如中秋节发月饼，总有人发三盒有人发三个，有人发冰皮肉馅有人发五仁馅。可是，企业中总有人贡献大、态度端正，也总有人贡献一般、态度还不太端正，如何才能对这些人加以区别对待？答案依然是，通过激励实现"多劳多得"的管理理念。正因为团队内部的激励有了差异，员工们才会更加积极主动，去赢得荣誉、创造利润。毕竟，没有人甘愿为人后。

以上，就是用激励手段可以解决的团队四大问题。事实上，激励所能解决的大大小小的问题，还有很多。但以上四个问题，是大多数团队普遍存在的关键性问题，能把这四大问题共同激励的手段解决，其他一些小问题可能也会随之消散。

【拓展链接】以问题为导向的激励法

以问题为导向的激励法，是团队解决问题的一剂良药。在团队工作中，我们会发现，许多问题之所以出现，主要是两方面原因导致：一是分配不均，二是目标不明。

实际上，上述两个方面的问题，都可以通过激励来快速解决。

当团队中出现分配不均的时候，我们很难马上通过改变薪酬结构来解决这个问题，因为薪酬问题不仅仅是团队的问题，更是企业的问题，还涉及其他部门，解决起来并不容易。但是，我们可以通过激励来对员工的收入进行重新分配，以此来快速解决分配不均的问题。

当员工的目标不明确的时候，他们不知道该朝着哪个方向发力。这时候，我们就可以利用激励，引导员工前进的方向。比如，当下团队希望所有员工可以提高客户的服务质量，而员工们对于这件事情的迫切程度缺乏认识，此时我们就可以通过激励那些在客户服务中取得了良好效果的员工，来指引其他员工朝着这个方向努力。

五个基础激励理论

激励的方法千变万化，但正所谓百变不离其宗，不管激励的手段有多少种，也不管是团队激励还是个人激励，其背后的心理学原理其实也是有限的几种。

下面，我们就来盘点一下"五大基础激励理论"。

理论一：马斯洛需求层次理论

马斯洛需求层次理论是美国心理学家亚伯拉罕·马斯洛在《人类激励理论》论文中所提出来的。书中将人类需求像阶梯一样从低到高按层次分为五种，分别是：生理需求、安全需求、社交需求、尊重需求和自我实现需求。

马斯洛认为，人只有在满足了低级需求之后，才会开始追求更高一级的需求。换句话就说，如果一个人的低级需求还没有满足，那么你用更高一级的需求去激励他，是没有用的。一个员工饭还没吃饱，团队却奖励他一个超大的勋章，是没有用的。

在实施激励的时候，我们要看员工最需要的是什么？

对于工资水平收入不高的员工而言，物质奖励是最有效果的；对于高收入的员工而言，用尊重、荣誉和愿景去激励他，可能效果更好。

历史上，唐朝将军薛仁贵落魄的时候，员外奖励给他一日三餐吃饱饭，他就非常高兴了，死心塌地地为员外工作。后来，薛仁贵成为一字并肩王，那个时候再想用"吃饱饭"来激励他，就显得有些可笑了。

这也告诉了团队一个道理：不要有"当年你还一文不名，现在已经赚到了不少钱，怎么还不满足"的想法。每个人都是这样，随着低层次需求被满足之后，一定会产生更高的需求，这是人性的本能。在满足了员工的物质需求之外，团队也要想方设法地去满足他们的安全需求、尊重需求和自我实现的需求，这样才能留住人才。

有时候，团队管理者会感到奇怪："我明明给了他足够高的工资待遇，为什么他还要走呢？"出现这种情况之后，我们应该去反思一下，是否给予了员工足够的尊重，团队是否能够实现他的人生追求？如果这些东西都无法满足，员工离开也是正常的。

理论二：双因素理论

双因素理论，又称激励保健理论，是激励理论的代表之一，由美国心理学家赫茨伯格于1959年提出。该理论认为，激励的目的有两个：首先是让人满意，其次是消除人的不满。

有些激励，会让人满意，却无法消除人的不满情绪；而另一些激励法，能够消除人的不满情绪，却无法让人满意。在激励员工的时候，必须双管齐下，才能取得好的效果。

某员工觉得团队中的一些风气非常不好，需要改变。管理者发现了他的不满情绪，为了防止他撂挑子，提高了他的福利待遇。福利待遇提高了，员工自然非常高兴，但让他不满的东西却依然存在，那么这种激励的手段，就只是暂时"稳住了"他。日后，这种不满的情绪还是会迸发出来。

双因素理论要求管理者们要发现员工的真实想法，发掘他们的真实需求。

李强是某软件公司的工程师，在公司工作了六年，勤勤恳恳，贡献突出，是团队里的绝对骨干。可是最近，李强却出现了消极怠工的现象，这是以前从未有过的。

团队管理者想了又想，觉得可能是因为团队里最近新招来一个大学生，这个大学生的工资，仅仅比李强低百分之十，所以李强不高兴了。于是，管理者找到李强，对他说："现在人才难找，所以新入职的员工工资水平都比较高，你是团队的中坚力量，我们也决定给你涨工资，从下个月开始，你的月薪提高2000块，你看怎么样？"

李强反应冷淡，只是点了点头。

管理者认为事情就这样解决了，可过了一段时间，他接到了李强的离职申请。管理者很不解，都给你涨工资了，为什么还要离职呢？

李强说："我认为咱们公司的管理和价值观都有问题，没有一个合理的章程，员工想要获得应得的利益，还必须要'按闹分配'，这是我接受不了的。"

在上述案例中，管理者就属于没有抓住员工的核心诉求。李强之所以不满，是因为他觉得公司的制度有问题，没有给老员工足够的尊重和重视。可管理者却简单地认为"是因为工资比新来的低导致的问题"，这就造成了激励手段与员工核心诉求不一致，最终使得激励丧失了效用。

管理者应该认识到，完善的制度、人性化的管理、合理的人员配置等因素，都属于"激励的方法"，一个团队不断提高自己的管理水平，员工就会对自己的团队充满信心，这种激励，是物质奖励无法取代的。

理论三：期望理论

每个员工对自己未来应该获得的回报，都会有一个期望。如果实际的回报高于期望，那就是一种激励；如果实际的回报低于期望，就属于"负面激励"。

管理者不要被期望理论吓倒，认为自己必须要源源不断地满足员工越来越高的期望，才能实现有效的激励。这个问题不能这样思考，如果不加控制的话，个人的期望或者说欲望，是没有尽头的。如此一来，永远都要"追着员工激励"，最终的结果就是：团队一直在激励，员工永远不满足。

为了解决这个问题，团队要学会管理员工的期望。

第一，给员工一个准确的预期。

有些团队喜欢给员工"画大饼"，这就相当于打鸡血，可能当时有用，但是到最后，过高的预期如果不能实现的话，团队中的失望情绪就会蔓延开来。所以，团队不要给员工随便画大饼，一定要给出准确的预期，尤其是薪资待遇上的预期。

第二，将预期与难度相结合。

一个团队明年可能营收一千万，也可能营收一百万；营收一千万的难度，当然要比一百万高。所以，在管理预期的时候，要把预期和难度结合起来，告诉员工如果想要获得更好的回报，就要接受更大的难度。如此一来，既能够激励员工为了更大的回报而努力，也能够让预期更加理性。

理论四：X-Y 理论

X 理论和 Y 理论（Theory X and Theory Y），是由美国心理学家道格拉斯·麦格雷戈提出来的。它是一种关于人性的争论，讨论的核心主题是：人之所以努力工作，是因为他自己愿意努力工作？还是因为被团队所监督？

X 理论认为，人需要约束，给予强制性的管理；而 Y 理论表示，人拥有主观能动性，每一个努力的人，都是愿意努力的人。在管理中，我们可以将两种理论相结合起来：通过强制性的管理和引导性的激励手段，来帮助员工养成"自愿努力"的习惯。

理论五：公平理论

公平理论认为，"公平"本身，就是最大的激励。

这里的公平，指的不是平均主义，而是"按劳取酬"。如果员工觉得："我和他做的一样多，但是收入却比他低"，自然就会滋生不满。可问题在于，大部分人都会觉得自己干得多、拿得少，这怎么办？

想要解决这个问题，就要引入"比较公平"的概念。没错，公平是比较出来的，员工觉得自己遭到了不公平的待遇，是因为他要和别人比较。所以，在团队的内部，我们要构建相同的岗位在价值尊重和交换上相对公平的环境。如此一来，会让员工觉得自己和其他同事是平等的。

在企业外部，我们要和外部市场行情对比，并努力塑造一个与外部平等的环境。当然，每个公司的实际情况不一样，在外部对比的时候，要结合本公司的实际情况去诠释"公平"。

例如：行业的平均薪资是月薪15000元，我们团队的平均月薪只有10000，对于员工来讲，他们肯定觉得不公平。但我们可以告诉他们一个事实，那就是行业内996是普遍现象，而本团队则是正常的工作时长，从小时薪酬的角度来考虑的话，团队和行业的薪酬水平是一致的，所以对大家而言也是公平的。

人不患贫而患不均，公平的环境对于一个团队的稳定和发展，有着至关重要的作用。所以，我们千万不要把公平二字当成一个虚无缥缈的概念，它是实实在在的激励手段。

以上就是五大基础的激励理论，激励的方法很多，但是绝大多数激励方法的核心思想，都是从这五个激励理论衍生出来的。无论是团队的管理者，还是团队中的普通员工，都应该对这五大激励理论有所认识，因为它既能帮我们看清组织行为的真相，也能够帮我们认识自己心中的"源动力"。

第六章

愿景 | 若有大梦想，
便无小心机

小成功靠目标，大成功靠愿景

有一个村庄，原本就不富裕，某年赶上气候不好，庄稼遭了灾，人们就更穷了。

这一天，迎来了村庄最重要的节日。按照以往的习俗，节日的晚上，家家户户都应该吃一顿丰盛的晚餐，来庆祝这个特殊的日子。可现在，人们哪里还有能力和条件，去准备一顿丰盛的晚餐呢？

就在这样的处境下，村里的一个年轻人，不知道从哪里搞回来一块木头，还对村民们说："这块木头，可以煮出世界上最美味的汤，今天晚上大家都来喝汤吧，庆祝我们的节日。"

村民们都笑他傻："一块木头怎么可能炖出世界上最美味的汤呢？这个家伙莫不是傻掉了吧！"小伙子挠了挠头，说："对，我光有这块神奇的木头，还没有锅呢！这样没办法炖汤，谁家有锅？借我用一用？"

村东头老李说："我家有锅，反正今天晚上我已经是揭不开锅了，就把它借给你用吧。"

有了锅，年轻人又说："要是有点柴就好了。村头老张，你家不是有柴吗？先借我用用。"老张抱来了柴火。

有了锅和柴之后，年轻人架起锅烧水，水烧开了，他把木头放进去。煮了一会儿，年轻人用勺子尝了尝锅里的水，然后说："哇，太棒了！如果有点葱就更好了。"

有位村民家里正好有葱，于是他回家拿了几棵葱，放到了锅里。年轻人又尝了尝，说："确实比刚才还要好喝多了，不过要有一点萝卜，可能更好。"又有人拿来了萝卜。

年轻人一次次"故技重施"，于是，锅里有了葱姜蒜、萝卜、白菜，甚至还有了一些肉。这个时候，年轻人对村民们说："大家都来尝尝吧"。村民们围了过来，每个人都盛了一碗汤，所有人喝过之后都说："真是一块神奇的木头，居然能煮出好喝的汤。"

这时候年轻人说："并不是木头神奇，而是我们都将各自有的东西放到了锅中。这些东西单拿出来，都无法做成一顿丰盛的晚餐，可是放到了一起，大家就都有美味的汤可以喝了。各位村民们，大家节日快乐。"

年轻人之所以能够"带领"村民们走出困境，是因为他做对了两件事：

第一，充分利用了村民自有的资源；第二，利用一块木头，为村民们注入了希望。

其实，当团队遇到困境时，团队的管理者也需要像这个年轻人，做好两件事情：首先，在执行层面，要充分发挥每个人的主观能动性，用集体的力量去对抗困难；其次，在精神层面，要给团队注入希望，只有拥有了希望，才有对抗困难的信心。

团队的希望，其实就是团队的愿景。我们要让团队中的每个人知道，我们在做什么？我们做的事情对社会能产生哪些积极的影响？对客户有哪些具体的帮助？对自己能够衍生出哪些具体的好处？

任何伟大的团队，都不可能永远一帆风顺，他们之所以伟大，正是因为他们踏过泥泞的沼泽之后，依然相信远方有美丽的风景。最典型的例子，就是马斯克领导的特斯拉团队。

特斯拉公司刚开始运营的几年里，日子并不好过，特斯拉汽车接连出现的事故，公司不断裁员，工厂起火，甚至还遭到了华尔街的做空……但是，在马斯克的带领之下，特斯拉团队一直在不断前行，因为马斯克让所有员工相信：他们所做的事情，将从根本上改变这个世界，一旦成功，所有人将获得难以想象的荣耀和利益。

正因为特斯拉团队始终保有希望，始终在为一个伟大的愿景而工作，所以即便是历经了磨难，他们依旧坚定初衷，并凭借着这份坚持走出了阴霾。

2016年初，特斯拉发布了新款电动车，预订数在很短的时间之内就超过了35万辆，收到现金100亿美金以上，然而车辆的交付时间可能要到2018年或者2019年。为什么客户相信特斯拉公司？愿意购买一个自己以前可能从来没有接触过的高价产品？且要等两三年，也心甘情愿呢？有一位预订用户，给出了一个很好的解答："他们是一家有愿景的企业，我选择相信这样的企业。"

这就是愿景二字对于团队重要性的一个体现——它不仅让你自己充满不懈奋斗的动力，也让你的客户、你的合作者们，对你的团队充满信任。

那么，如何才能让自己的团队拥有一个成员们都信服的愿景？

首先，管理者应该明白什么叫愿景。很多人认为愿景就等同于目标，这是不全面的认识。对于一个团队来讲，目标一般最多只能延伸到六个月之后，而愿景是不被时间所限制的，是一个团队最根本，也是最久远的追求。

我们来看一看那些世界知名企业的愿景：

西门子家电企业——成为行业标杆

华为——丰富人们的沟通和生活

宝洁公司——成为并被公认为提供世界一流消费品和服务的公司

这些大企业的愿景，可以说是长期有效的。企业和团队将在愿景的指引下，持续发力，永不停歇。每一个团队的负责人，都是构筑愿景的"首席工程师"。

当年，谷歌花了很长时间，专门去研究"优秀管理层所具备的基本能力和素质"，他们把这项研究称之为"氧气计划"。通过氧气计划的研究，谷歌发现"为团队设定愿景"，是那些高分经理人和团队负责人最重要的行为。

谷歌认为，愿景有三大好处。

第一，愿景可以帮助团队获得成功。

谷歌一位优秀的团队管理者解释说："拥有值得关注的共同愿景，对于团队的成功有着非常重要的作用，因为它可以让所有人保持专注，并朝着同一个方向前进。相反，没有愿景的团队，既没有方向，也缺乏动力，会在某一个时刻过后，陷入停滞之中。"

第二，愿景可以让团队成员更有方向。

一个清晰的愿景，听起来好像很大很空，实则却可以在无形中塑造员工的"工作气质"。例如，当你把"永远以质量第一为信念"作为愿景，并充分告知团队成员之后，他们就会在工作中格外关注产品的质量。久而久之，整个团队都会形成一种以质量为先的文化。

第三，愿景可以成为团队决策时的依据。

当团队面临两难选择的时候，一个清晰的愿景，可以帮助团队进行权衡并确定优先顺序。例如，某个团队现在面临两个选择：第一，降低生产成本，压缩产品质量，追求更高的利润；第二，保持原有的高质量，以质量谋求更大的市场，获得最后的胜利。

从商业层面上来看，这两个选择都有道理。可如果团队的愿景是"成为行业质量标杆"的话，那么这个时候，可能团队成员就会不约而同地选择后者作为奋斗的方向。如此一来，就降低了团队的沟通和选择成本，为团队下一步的工作指明了方向。

团队不能没有目标，更不能没有愿景。没有目标的团队是盲目的，没有愿景的团队是麻木的。"近有小目标，远有大愿景"的团队，才能不失去方向和动力，获得长远的成功。

【拓展链接】愿景的四要素

团队构建自己的愿景，需要牢记以下三个要素：

一、核心价值观

团队的愿景，应该和自己的核心价值观紧密结合到一起。这意味着，愿景不仅要指引我们达成某个目标，还要能够指导我们成为想要成为的那个人。

二、初心

好的愿景一定不会太复杂，因为它就是团队的初心，是团队最初的理想，简单直接，却直击心灵。

三、使命

愿景不仅是一种自我实现，更是一种"利他"的崇高理想。当一个团队拥有了"为社会、为客户做贡献"的理念时，所有团队成员就会产生使命感，这种使命感会让人在困境之中依然坚信自己的事业和选择。

愿景：胆大一点又如何？

中国人含蓄，所以我们的团队在设置愿景的时候，大都比较委婉。但有一个问题不容忽视，太过委婉的愿景，可能会"流于圆滑、浮于表面"，违背制定愿景的初衷。

一个真正的愿景，通常要着重考虑四点——目标，常见对手，典型模范，内部转型。

首先，我们来谈谈目标。有人说："许上等愿结中等果，许中等愿就只能结下等果。"很多团队，虽然心里有上等愿，却只敢把中等愿说出来。说得时间长了，难免就忘记了上等愿，只能结出下等的果实。

我们来看看一些知名的企业团队是如何许上等愿的：

- 沃尔玛的愿景：2000年之前成为拥有1250亿美元资产的公司。(1990年)
- 福特汽车的愿景：给全民制造汽车。(20世纪90年代早期)
- 索尼的愿景：成为最能改变日本劣质产品这一国际形象的公司。(20世纪50年代早期)
- 花旗银行的愿景：成为历史上最强大、最持久、最具影响力的金融机

构。（1915年）

· 波音的愿景：成为商用飞机的龙头，把全世界带入喷气式时代。（1950年）

这些企业的愿景，在当时来看，有哪一个是容易实现的？每一句话听起来都像是大话，可在今天看来，它们却成为企业腾飞的内在基础。

到底是团队成就了愿景？还是愿景成就了团队？

其实，二者兼有。一个团队，如果没有那些看起来"不切实际"的愿景，就没有非常的动力，只能按部就班地流于平庸。当然，以目标驱动的愿景也不是想什么就说什么，它应该具备两个关键要素——定性和定量。

以沃尔玛的愿景为例，"2000年之前成为拥有1250亿美元资产的公司"，这就是属于定量；而索尼的愿景是成为最能改变劣质日本产品这一国际形象的公司，这就是定性。

定量和定性的目的是让自己的愿景变成一个明确的标准，我们不能像小孩子一样说："我要做一个很大的棒棒糖！"你问他："多大？"他回答说："很大很大！"

这种不定量也不定性的目标，没有意义。一个好的愿景，是那种等时间到了之后，可以明确衡量的，实现了就是实现了，没实现就是没实现。相反，那些不可能衡量的愿景，如同一句没用的话。例如，有些团队的愿景是"成为值得尊重的集体"，这个愿景到底实现没实现？什么时候能实现？根本就没有办法衡量，又有什么意义呢！

其次，说说与常见对手相关的愿景。

有些企业，他们的愿景更加明确，就是以竞争对手为标杆，制定自己的愿景。

· 菲利普·莫里斯公司：打败雷诺成为世界第一的烟草公司。（20世

50年代）

- 耐克公司：打败阿迪达斯。（20世纪60年代）
- 本田公司：我们要挫败、排挤、彻底打败雅马哈！（20世纪70年代）

以竞争对手为标杆的愿景，更加简单直接，虽然听起来有些"粗暴"，可员工在执行的时候，是非常有干劲儿的。因为朋友的鼓励，远不如对手的鞭策来得更有效。

以上说的是以对手为标杆的愿景，也有一些愿景，是以偶像为标杆的。

- Giro体育设计公司：成为脚踏车业的耐克。（1986年）
- Watkins-Johnson公司：要在20年内和今天的惠普一样有名。（1996年）
- 斯坦福大学：成为西部的哈佛。（20世纪40年代）

虽然这类愿景是以偶像为标杆，但也充满了强烈的向上精神，员工很容易被这样的愿景所鼓舞，他们会因此而相信："我的团队正在做伟大的事情，我是伟大的一部分。"

从转型入手的愿景，在一些老团队、老企业中，是比较常见的：

- 通用电气：改革这家公司要让它拥有大公司的实力和小公司的节俭、灵活。（20世纪80年代）
- 罗克韦尔：把这家公司从国防承包商转型为世界上最优秀的多样化的高科技公司。

类似的愿景，都有总结过去、展望将来的意味在里面。所以，员工在执行的时候，会感到强烈的延续性。

以上四种愿景类型，均属于"合格"的愿景，它们目标明确、指向清晰，同时大多有一种壮怀激烈的感觉。如此一来，才能激发员工的热情和信心。我们不妨把愿景想象成"军令状"，有一种一往无前的气势在里头，这样才能鼓舞团队。

在制定愿景的时候，不要前怕狼后怕虎，只需要考虑说出来之后自己怕不怕就行了。我们想要的、觉得自己能达到的，就大胆地说出来，不需要委婉。美国前国务卿基辛格说过："领导就是要让人们，从他们现在的地方，带领他们去还没有去过的地方。"

我们的愿景也是一样，就是要带员工实现未曾实现的梦想，抵达曾经不敢仰视的高峰，如果制定一个"年年有今日、岁岁有今朝"的愿景，又有什么意义呢？

在学习中寻找愿景

研究表明：近十年来，人类获得的知识总量，超过过去两千年的总和，而且人类的知识还在以每10年至20年翻一番的速度增长。毫无疑问，这是一个知识爆炸的年代，不断有新的知识涌现出来。如果想要跟得上时代，就需要不断地学习，不断地进步。个人如此，团队也是如此。一个团队若不能及时补充自身的知识储备，就会逐渐在竞争中落伍。

一位培训师到分公司去培训，企业领导希望所有人都去参加培训。可到了培训的那一天，偌大一个团队只来了三五个人。培训师心想："可能是大家的工作太忙了，值得理解。"

第二天，培训师又去了，他培训的内容是产品知识，是非常重要的一课。他对分公司的负责人说："希望今天大家都来好好听一听。"负责人满口答应，说："我这就让大家集合。"

果然，这天来的人还真不少，培训师很高兴。可过了一会儿，他就发现情况不对：分公司的负责人听了一会儿之后，借口有要紧事离开了。他一走，底下的人就坐不住了，一会儿走一个，一会儿走一个……培训刚刚进行到了一半，会议室又只剩下了稀稀拉拉的几个人。

培训师心想，原来今天来的人虽然多，但是真正愿意学习的也没有几个，只不过是把学习当成了"走过场"，这样的企业，怎么能发展的好呢？

果然，培训师的判断最终得到了验证：由于工作方法陈旧、管理方式老套，该分公司的业务量逐渐萎缩，最终被总公司"清理"了。

如今，真正能够在竞争中不断引领风骚的团队，大多属于"学习型团队"。这个概念是美国彼得圣吉博士所提出来的，他认为，在新的经济格局之下，唯有学习型团队可以长久发展。因为学习可以帮助团队跳出思维的陷阱，拥有全局性的视野。学习型团队的概念推出之后，立刻得到了世界上很多企业家的推崇，成为一种新的管理风尚。

构建一个学习型团队，是从愿景出发的。学习型团队需要做的第一件事情，就是要让所有成员搞明白自己的团队所追求的究竟是什么，并以此来设置学习的目标。

构建学习型团队的基础，是管理者的素质。想要让自己的团队成为学习型团队，首先管理者自身应当具备以下几种基本素质：进取心，领导愿望，诚实与正直，自信，智慧，工作相关知识，与团队的融洽关系，实事求是，带头作用，良好乐观的心态。

在明确了管理者所应该具备的素质之后，管理者还应确立自己的管理风格。团队的类型不同，所适用的管理方式也不同。正如松下幸之助所说："当我的员工有100名时，我要站在员工最前面指挥部属；当员工增加到1000人时，我必须站在员工的中间，恳求员工鼎力相助；当员工达万人时，我只要站在员工后面，心存感激即可。"

在团队不同的发展阶段，应该采取不同的管理方式，来推动团队向学习型团队迈进。

在小团队中，管理者可以通过"言传身教"的方式，去带领员工跟着自己一起学习；在大型团队中，言传身教的效果会非常有限，故而需要出台一些具体的"学习活动"和"激励政策"，来鼓励员工加强学习。

通过适当的管理方式，管理者可以改变员工的心智模式。过去，大部分员工在工作的时候，就像是从水缸里往外舀水，有多少水是固定的，因此他对团队的贡献也是固定的。但是，现在我们要求员工要一边舀水，一边往水缸里注水，甚至还要把原来的小水缸换成大水缸。如此一来，就形成了一种"贡献的正循环"，员工可以源源不断地为团队贡献更大力量。

建立学习型团队，听起来是一件很简单的事，不就是带着员工一起学习吗？可在实践过程中，却经常会走进一些误区。

第一个误区：对学习型团队认识不足

很多人认为，构建学习型团队，就是让员工多看书，有条件的话，还可以办班讲课。其实，以上所提到的这些方法，只是构建学习型团队过程中的一些小手段。真正的学习型团队，不只要强调学习的过程，更要强调学习的结果、知识的转换。

我们不仅要组织团队学习，还要组织团队将学习到的知识，转化成对工作有用的技能。真正优秀的学习型团队，不会拘泥于学习的形式，但会特别注重学习的效果，他们会把"创新能力"当作团队的核心竞争力来培养，而创新恰恰是最能检验学习成果的手段。

第二个误区：把思想工作当成学习

很多团队每天都在学习，但却把思想工作与团队学习混为一谈，每到学习时间，团队负责人就开始给大家讲大道理。实际上，思想工作最多属于学习的一部分，绝对不能成为学习的全部。正如我们之前所说，我们学习的是可以转化成为

"生产力"的知识，要通过学习来提高员工的专业素养，如果学习不能满足这两个要求，就不能说打造出了一个学习型的团队，顶多是培养出了一个"思想过硬的团队"。

第三个误区：假装学习

很多学习型的团队，其实都是在强制性的学习：按照管理者的要求，每天在固定时间假模假式地看一会儿书，或者是心不在焉地听一会儿课。如此学习，还不如把时间用在工作上，省得浪费精力。管理者要在团队中营造一种主动学习的氛围，可以通过团队内的技能考核，检验学习的成色；或通过设置"进步奖""创新奖"，来鼓励那些在学习中有所收获的员工。

第四个误区：三分钟热度

建立学习型团队，要讲究长期性和延续性，因为学习的能力和习惯，不是一朝一夕可以培养出来。如果不坚持的话，已经获得的习惯，也是会丢失的。所以，如果你已经决定打造学习型的团队，就要把相关的政策不断地推行下去，千万不能三分钟热度。

构建学习型团队，不是为了现在，而是为了将来。这笔"投资"，在当下看来，或许根本没有收益，可它跟我们团队的愿景紧密相关。我们是为了更好的愿景去打造团队，而我们打造团队也是在创造更好的愿景。

【拓展链接】构建学习型团队的三要素

构建学习型团队，有三大要素：

一、团队学习

团队学习和个人学习的最大区别是指向不同，个人学习的重点在于个人提升，而团队学习是为团队服务的，学习的目标更加明确。

二、自我超越

团队学习需要团队成员在学习中不断地交流和沟通，通过交换集体意见，去完成自我的超越。所以，从效率上讲的话，团队学习要比个人学习效率更高。

三、系统思考

团队学习可以促进团队思考，而团队思考的维度要比个人思考的维度更高。因此，成员可以从中掌握系统思考的能力，以避免见树不见林的学习模式。

团队因"忘我"而强大

国外某公司,有一位员工能力非常出色,关键时刻总能挺身而出,为团队排忧解难。然而,在举行团队活动的时候,却经常看不到他的身影。团队负责人不知道这到底是为什么?于是,便决定亲自到他家,与他畅谈一番。

那天天气很冷,团队负责人带着一个团队成员敲开了他家的大门。家里只有他一个人,坐在火炉旁边。这个人很聪明,他知道团队负责人的来意,肯定是想要说服他,让他以后多参加一些团队活动和会议。他心里想:"我只需要做好自己的事情不就够了?为什么要和其他人产生过多的联系呢?那又有什么用呢?"

三个人坐在火炉旁,你一言我一语地拉着家常,火炉中的木炭烧得通红,发出毕毕剥剥的声音。团队负责人见状,拿起了夹炭火的钳子,小心翼翼地捡了一块烧得正旺的木炭,放到火炉旁边,然后继续聊天。

这个人看到团队负责人的行为,内心很不解:"他为什么这么做?"

时间不长,那块离开了炉火的木炭还没有烧完,冒了一阵青烟,便暗淡了下来。团队负责人用手捡起了那块熄灭的木炭,把它扔进了火炉中,只见它开始再次燃烧,和旁边炙热的"同伴"一起,燃起了熊熊火焰。

团队负责人说:"木炭离开炉火,就不能完全释放自己的能量,我们希望你回到团队中,和我们一起发光发热。"此员工有所感悟,自那之后,不再排斥团队会议和活动。

人与团队的关系,是相辅相成的。团队离开了个人没有意义,个人离开了团队,将无法体现最大的价值。团队就像是一辆汽车,而个人就是汽车上不同的零件,有些人是发动机,有人是轮胎,有人是方向盘……发动机觉得自己天下无双,可没有轮胎的话寸步难行;轮胎觉得自己离开谁都能转,可没有方向盘就会转到险地上去,随时有爆胎的危险。

身处团队中,一方面要"有我",就是必须明确知晓自己的能力边界,我能干什么?在那些方面是我擅长的?另一方面也要"忘我",即不能片面地认为"我"是凌驾于团队之上的存在。

很多时候,团队成员在衡量自己和团队的关系时,是非常"自我"的:作出了成绩、取得了效果——都是我的功劳;事情没办好,业务开展不顺利——我没问题,是团队的问题!如此想法,其实并不少见。

从某种程度上来说,这也是可以理解的,都属于人的正常心理。但如果这样的想法不加控制和调整,一味地强调"我"的正面作用,就很容易忽视团队对个人成功的支撑作用。到最后,个人与团队会产生疏离感,对双方都没有好处。

在管理学上,有一个著名的效应"雁阵效应",值得所有人思考。

所谓"雁阵效应",指的是雁群在天空中飞翔,一般都是排成人字阵或一字斜阵,这是我们都知道的常识。但很多人不知道的是,大雁会不时地更换自己在雁阵中的位置。

大雁为什么要这么做呢？

生物专家们经过研究后得出结论：在雁阵中，飞在最前面的大雁是最吃力的，而后面的雁子，可以利用前面大雁所提供的"空气动力学"优势，以比较轻松的姿态去飞翔。这就是说，在大雁团队中，在不同的时期，都有大雁通过牺牲个人利益，来保全团队的利益。为了大家能够飞得更远，大雁们会先后"忘我"地挺身而出，不计回报地为其他大雁承担更多压力。据科学家研究，通过这样的方式，一群大雁可以飞行的最长距离，是一只单飞大雁的 1.7 倍。

当我们站在地面上仰望天边的雁阵，看到的是一只一只奋斗中的个体，但实际上，它们是一个伟大的团队，也只有通过团队的力量，一只只大雁才能飞过寒暑，赢得更好的生存条件。

"雁阵效应"告诉了我们一个真理：团队想要走得更远、飞得更高，需要团队成员具有忘我付出的精神。当大多数人能够放下自己，一心为团队利益着想的时候，不仅团队可以赢得胜利，个人的利益也能够实现最大化。如果一个团队人人都是独狼，彼此之间非但没有形成合力，反而会因为彼此争夺地盘而产生内耗，形成"狼多肉少"的局面。最终的结果就是，本来团结起来大家都能吃饱，结果因为不团结，导致只有少数人能吃好，多数人的生存压力会更大。

当今社会，是一个追求自我价值实现的大环境，在此环境之下，有时候我们提起"团队""协作""奉献"等词汇的时候，会让人觉得这些东西很"虚"。但实际上，不管什么时候，个人所能达到的境界、所能取得的成绩，都是有限的。唯有通过团队配合，大家才能抵达未曾到过的巅峰、实现更宏大的愿景。如果你拥有一个好团队，每个人的力量汇集起来，就会产生 1+1>2 的效果。

那么，如何才能拥有这样一个团队呢？

最简单的办法就是，先把自己训练成一个好的"协作者"，让自己成为一个优秀的团队成员。心理学家说，心里有什么，看到的就是什么；社会学家说，你是什么样的人,你所处的环境就是什么样。只有忘我的付出,团队在获得成功的时候才能记住你。当你把自己绑在团队这架战车之上的时候,团队的力量就是你的力量,团队的成功就是你的成功。

树立愿景需要有"全局思维"

所谓全局思维，就是对团队现有的信息进行综合评判，然后对团队的发展轨迹产生明确认识的一种思维模式。没有全局思维，就不可能准确地预测团队未来走向，自然也就不可能树立起切实可行的团队愿景。

事实上，全局思维是每个人都应该具备的一种基本思维，在生活和工作中，它能够发挥出很大的作用。很多时候，是否拥有全局思维，可以说是人和人之间产生差异的关键原因。

以生活中的一件小事儿来说：明天要去迪斯尼乐园玩儿。出发之前，一个人什么都没做，另一个人提前找一张迪斯尼乐园的地图看一下，认真规划游玩路线。结果，第二个人玩得很高兴，第一个人由于对迪斯尼这个地方缺乏全局性的认识，在里面兜兜转转，浪费了大量的时间，玩得很不尽兴。之所以会产生不同的结果，就是因为后者比前者更有全局意识。

也许，在去迪斯尼玩的这件小事上，有没有全局思维也没什么大不了的，懵懵懂懂地游玩一番，也自有乐趣。可在团队工作中，如果管理者或员工没有养成"凡事看地图、提前规划路线"的习惯，是万万不行的。懵懵懂懂的工作，只会让你被眼前的琐事所困扰，根本看不到团队未来前进的方向，更找不到团队的愿景在哪。

在"团队全局思维"这张地图上，有五个重要的坐标，是需要我们去提前认识和准备。

第一个坐标：我身边需要谁？

一个团队的全局思维，首先体现在他们能够非常明确地知道："我需要什么样的同事和我一起工作。"在实际的工作中，我们经常能够发现一个现象：有些团队每天都在招人，可是招来的人待不了多长时间就要走，因为他们总觉得这个人"不合适"。如果一个团队总是发生这样的事情，起码可以证明一件事情：他们不知道自己需要什么样的人。

在团队工作中，有两件关于"人"的事一定要搞明白，第一件是我要成为什么样的人？第二件就是我们之前所说的"我需要什么样的同事"。两件事情相比的话，第二件事情的难度更高，重要性也更加突出。

团队中的每一个人，都应该对自己身边的人有足够的认识。因为团队的愿景，是靠大家一起去实现的，所以，有什么样的人，就有什么样的愿景。如果我们不了解自己需要什么样的人，身边有什么样的人，就不可能准确地制定团队的愿景。

第二个坐标：我们的目的是什么？

全局思维是一个面，目的性是一个点，如果没有这个点，面铺得再大，也没有意义。这就好比，你思考得很全面、很广泛，却不知道自己为什么而思考，这样的思考徒劳无益。

团队成员在思考任何问题的时候，都要带着目的去思考，不要信马由缰地乱想。很多团队喜欢搞"发散思维大会"，可最后却发现，效果并不太理想。很多发散思维的会议，到最后成了大家聚在一起异想天开的讨论会。之所以会有如此结果，就是因为没有目的性。

第三个坐标：我们的团队文化是什么？

全局思维必须要和团队文化联系起来，才能让团队离愿景更近一步。团队文化虽然是比较务虚的概念，但是"虚"不代表无用，精神上的"虚"可以转化为物质上的"实"。

团队文化不是冰冷的规章制度，而是融入团队成员骨子里的。例如：有些团队强调狼性文化，到最后会发现，即便没有规章制度的制约，团队成员也非常有斗志。

团队文化和全局思维是相辅相成的，正因为有了全局思维，所以我们才会维护、打造团队文化；而有了团队文化之后，我们对于团队这个全局，就有了更多确定性的认识。

第四个坐标：关键性问题的应对策略是什么？

全局意识，虽然考虑的问题比较多，但绝不是眉毛胡子一把抓。在团队中，越是有全局意识的人，越能找到团队问题的关键点。为了找到问题的关键点，我们在进行全局思考的时候，就要先了解问题中的主要矛盾和次要矛盾。每个团队成员在工作当中，一定会遇到许多矛盾。例如：个人利益与团队利益的矛盾，短期目标和长期目标的矛盾。

面对种种矛盾，团队首先应该深入认识每一种矛盾。比如：个人利益与团队利益的矛盾，应该首先去考虑，这个矛盾是暂时的还是长期的？如果是暂时的，是否可以采用远期激励的办法，来调和个人与团队的矛盾？如果是长期的，那么应该如何克服这个矛盾？

第五个坐标：怎样做好数据分析？

团队想要有全局思维，一定要学会分析数据。在数据中，隐藏着事物发展的规律和趋势，如果想要提高自己的全局意识，就一定要在数据中寻找线索。团队成员要提高自己的数据敏感性，同时每一个成员都有如实上报数据的责任。因为只有真实的数据才有参考的意义，假数据会导致"无效思考"，对团队的全局思维是有害处的。

总而言之，构建团队的全局思维，是一个艰巨的任务，任何一个团队，都应该在发展过程中不断地提高全局思维，提升每一个团队成员的"大局观"。唯有如此，团队的愿景才能越来越明确，越来越被团队成员广泛接受。

【拓展链接】如何培养集体的全局思维

集体的全局思维，需要以集体目标作为基础。但是作为团队的一分子，我们一定要知道两件事情：第一，你的目标，不见得是所有人的目标；第二，你实现目标的方法，不见得是所有人的方法，每个人都有自己的一套方法。

所以，在确立目标之后，团队管理者要做的第一件事，就是要将这个目标植根在下属的心里。由于下属的性格和心态是不同的，所以要加以区分，用不同的方式激励他们去实现目标。

有些员工属于自驱型的，这类员工有进取心，也有长远的打算，只要目标设定的合理，他们非常愿意加入你的"阵营"。对于这类员工，要给予他们长期的激励，例如更大的自主权、长期的分红机制等等。

还有一类员工，属于任务型员工。他们对长期目标不感兴趣，只关心我今天要做什么？我明天可以得到什么？对于这类员工，主要以短期激励为主，通过奖金、休假等方式，激励他们完成有限的目标，由此也间接地为实现长期目标做出了贡献。

第七章

效率 | 全力以赴，
不懈怠！

计划，为团队注入持久行动力

戴尔·麦康基说："计划的制定比计划本身更为重要。"

作为团队的一分子，无论是管理者，还是普通的团队成员，都要把"计划"二字时刻放在心上，因为它是团队合作的黏合剂，是集体进步的推进器。

歌德有一句忠告："匆忙出门，慌忙上马，只能一事无成。"一句简单的话，道出了无计划行事的可怕。很多人都觉得，只要做就能成事，但实际上，没有计划的行动就如同无源之水无本之木，一定不能长久。

战术上的勤奋，永远不能弥补战略上的懒惰，这句话永远不会过时。

关于计划，有一个"四只虫子吃苹果"的故事或许可以给我们一些启示。

有四只虫子，它们饿极了，都在寻找食物。

第一只虫子，千辛万苦爬到了一颗苹果树下。虫子毕竟是短视的，它并不知道，眼前的这棵树就是苹果树，只要爬上去，就会有无数累累硕果等待着它大快朵颐。但它还是决定向树的高处爬去，因为它看见别的虫子都在爬。

从这一刻起，等待虫子的就只有两种命运——运气好的话，找到了树上的苹果，获得暂时的幸福；运气不好的话，迷失在绿色丛中，食不果腹。

第二只虫子看的比第一只虫子远一点，来到苹果树下之后，它凭借着自己的经验，马上就判断出这是一颗苹果树。但是它的判断力也只有这么多了，它无法确定苹果到底在树上的哪个位置？于是，虫子决定，自己永远要选择最粗壮的枝丫往上爬。果然，它最终找到了苹果。可是，当它来到苹果面前的时候，举目向四周看去，发现其他枝丫上苹果更大、更红。虫子很后悔：当初我为什么不选择另外一个枝丫网上爬呢？

第三只虫子明确地知道，自己就是要找到最大的那个苹果，所以它没有着急爬树，而是先去用望远镜观察，最终锁定了一个最大的苹果。然后，它给自己规划好路线，一路走走停停地不断观察，终于接近了那个最大的苹果。不过，此时的它失望地发现，其他虫子比自己爬得更快，早就占领了最大最甜的苹果，自己即便到了大苹果旁边，也只能吃一些残羹剩饭了。

第四只虫子，和前面三只都不一样，它清楚地知道自己想要什么，也明白自己如何行动才能获得想要的东西。所以，它用望远镜观察苹果，但它却没有选择最大的那个苹果，而是选择了一颗比较小的苹果。它算好了时间，当自己爬到苹果上时，小苹果正好能够长成一个又大又红的苹果。在此之前，没有人会对一颗小苹果感兴趣，所以其他虫子不会跟自己竞争。在确立了目标和计划之后，它开始有计划地向树上爬去，并且终于获得了自己想要的苹果。

第一只虫子，是没有计划的虫子，所以它只能任由天命、随遇而安。

第二只虫子，虽然有想法，但是没有成熟的计划，所以它无法获得最好的回报。

第三只虫子，计划很明确，也能够朝着计划不断付诸实践，可他的计划超出了自己所能控制的能力范围，所以最终会错过一些机会。

第四只虫子，它的计划是最为科学、最为完美的，因为它的计划既涵盖了动态的目标，同时它也考量了自身的能力范围，没有陷入"计划赶不上变化"的困境中，最终如愿以偿。

大部分团队中的成员，都像是第一只虫子，相信经验、依赖经验，尤其是在成员比较多团队中，大家各方面的经验比较丰富，就更容易患上"经验依赖症"：重视条件反射式的团队协作，忽视团队的长远规划和计划。

有些团队成员像第二只虫子，他们把"点子"当计划，想法多而计划少，最终还是无法推动整个团队朝着一个明确的目标不断前进。

少数团队成员是第三只虫子，他们踌躇满志，设立了远大的理想，也有朝着目标前进的动力。但因为对团队的能量缺乏足够的认识，所以计划不具备真正的可行性，让这样的人带着团队往前走，很容易"偷鸡不成蚀把米"，也难以取得良好的效果。

只有极少数人，可能成为团队中的第四只虫子，他们计划详细，又不会盲目冲动地行事。在这种人的带领之下，可以制定出科学可执行的计划，这就如同给团队的火车装上了轨道，大家可以朝着一个既定方向，高效地、持续地行进。

集团作战：担当就是效率

在管理学中，有一个被广泛认可的效应，就是凝聚效应。

凝聚效应认为：凝聚力越大，企业就会越有活力，效率也会随之提高。相反，如果团队中的成员普遍缺乏担当，就会产生"集体冷漠"的现象，大家对团队的利益视而不见，该奉献的时候退避三舍，到索取的时候奋勇争先，这种局面发展下去，团队就成了一盘散沙。

遗憾的是，任何需要多人协作的事情，往往都存在着集体不作为的风险，即便是在事关生死的关头，甚至也不能避免。

1964年3月13日夜3时20分，美国纽约郊外，一位女子在大街上遭到他人袭击。

当时，女子绝望地大喊："救命啊，救命啊。"周围居住的人们听到了呼救，很多灯光都亮了起来。行凶者看到灯亮了，也有些犹豫，暂停了自己的加害行为。但是，他又不甘心就这样放过这位姑娘，他只是暂时躲了起来，观察着周围的一切。

当一切恢复平静之后，灯光暗了下来。这时候，凶手再次出现了，继续行凶。

姑娘再度呼喊，却发现这一次为她亮灯的人少了。凶手似乎明白了，这些人不会站出来阻止自己的行为，他肆无忌惮地朝着姑娘下了杀手。这期间，姑娘一直在呼喊，可现场没有一个人站出来，甚至也没有一个人报警。

最终，女子死在了大街上。

这件事引起了纽约社会的极大关注，后来通过调查发现，至少有 38 个人在自己家窗前看到了街上的行凶场景，但是没有一个人愿意做点什么。其实，哪怕是打一个报警电话，都可能会改变这件事情的走向。

心理学家对此事也非常关注，他们认为，这种"集体不作为"的现象可能是因为责任分散效应。确实，事后很多当时的旁观者都说："我以为其他人会报警，所以我自己没有采取行动。"

心理学家认为，当时如果只有少数人在场，那么他会清楚地明白自己的责任，采取行动的意愿就会比较明显。如果见死不救，他们会觉得这个人的死和自己是有关系的，内心会充满负罪感。可恰恰是由于人太多了，大家都觉得这件事情不是我一个人的责任，即便是事情朝着最坏的方向发展了，也怪罪不到我个人头上。所以，行动的意愿反而减弱了，这就是责任分散带来的一个恶果。

团队协作中，也同样会面临这样的难题。一个团队中人越多，在面对某一件事情的时候，所有人都觉得：这件事情虽然我可以搞定，但它不是我一个人的事情，所以我要观望。

对于个人来讲，责任分散的主要原因是责任意识淡薄所至。有些人，永远处在逃避责任的状态中，他们信奉"干得越多，错得越多"的所谓职场潜规则，习惯性地逃避责任，甚至也不会主动去承担义务。

有些员工则不同，虽然他们也知道，有些事情不是非得自己去做不可，但是在团队文化的熏陶之下,他们在团队有需要的时候,还是会挺身而出,去履行自己的团队责任和义务。这样的员工,往往会脱颖而出,成为团队的顶梁柱。恰如培训专家余世维所说:"敢于承担责任的员工将被赋予更大的责任。有这样的员工,才能缔造伟大的企业,而有这样的企业精神,才能缔造伟大的商业时代!"

担当精神是一种职业素养,更是做人的道德。我们可以把它视为能力的一个体现,但这种能力有一个特点,那就是无法通过简单的训练培养出来,只能通过意识上的觉悟去加强。一个人,只有具备了担当精神之后,他才能够成为"小事不掉链子,大事不掉队"的团队型人才。

一个美国人在东京买了一台唱片机,营业员非常热情地为她挑了一台尚未启封的机子。可当她把唱片机拿回到宾馆试用的时候,却发现根本无法使用。这位美国顾客非常恼火,作为一名记者,她马上写了一篇新闻报道,揭露日本人"当面赔笑、背后搞鬼"的商业行为。

第二天早上,这个美国人刚起床,就听到一阵敲门声。她打开门,昨天那个卖给她唱片机的日本店员就站在门口。店员见到这位美国人后,连连道歉,说是自己不小心卖给了她一台没有安装配件的设备,非常不好意思,此次前来就是要解决这个问题。

美国人非常惊讶,因为她没有把自己的地址留给对方,这个店员是怎么找到自己的呢?一番交谈后,她才知道,从昨天发现售出的货物有问题之后,店员一共打了32个电话,向东京的各大酒店咨询她的地址,但是却没能找到任何线索。最后,店员将电话打到了美国,得到了她婆婆家的电话号码,经过无数周折,才最终找到了她居住的宾馆。

找到她之后,售货员将一台完好的唱机,以及唱片一张、蛋糕一盒奉上,并连连表示歉意。这位美国顾客非常感动,她修改了昨天那篇报道的内容,题目也变成了《32个紧急电话》。这篇文章在美国媒体发表之后，引起了许多人的注意，"日本人认真负责、勇于担当"的印象，也留在了很多美国人的心中。

可见，员工的责任意识和担当精神，不仅是团队成功的基石，也是树立外在形象的一张名片。当团队中的大多数人都有担当精神时，这个团队就会被凝聚起来，因为每个人都把团队事情当成了自己的分内之事，所以他们可以自发地进行协作和分工，成为一个牢不可破的整体。如果团队中的多数人都在盘算自己的小九九，对于团队的利益视而不见，团队就会丧失凝聚力，因为所有人想的都是自己，团队、同事在他们的心目中是没有生存空间的。

事实上，一个有担当精神的员工，并不是"忘我"的，恰恰相反，他们心中的自我定位要比其他人更加明确。他们深知自己的责任和义务，也知道如何去体现自己的价值，他们做事情有利于团队的发展，但与此同时也更有利于个人的进步。

我们可以尝试着观察一下自己身边的人，那些最终做出成就，获得提升空间的人，大多都是有担当、有集体观念的人；而那些心中只有自己，事不关己高高挂起、事若关己能躲就躲的员工，到最后往往成为团队中的边缘人，他们的存在可有可无，自身的价值会逐渐走低。

如何成为一个有担当的人呢？我们只需要明白一个简单的道理即可：一个人无论做什么事情，其实都是在为自己做。你做得越多，自己受益越大，也越能为团队带来价值。你若什么都不做，团队和同事当然无法在你身上"占到便宜"，你自己也最终"无便宜可占"。

追求荣誉是克服惰性的最大动力

已故篮球明星科比·布兰恩特曾经说过一句话:"总是有人要赢,那为什么不能是我呢?"

为了赢得胜利,科比成为其他球员眼中的"怪物",他训练异常刻苦、自律,惰性两个字,好像被他排除到了个人字典之外。正因如此,他的职业生涯无比辉煌,五获总冠军,成为世界知名的传奇球星。

作为团队的一分子,惰性,就是我们追求工作效率和团队效率道路上的最大绊脚石。一个人的时候容易产生惰性,所以心理学家告诉我们要慎独。一群人的时候,同样容易产生惰性,因为惰性会告诉我们:"你可以躲在一群人的身后,即便不努力,也没人注意你。"

人很容易被自己内心的某些"劣根性"所欺骗,再加上惰性心理本来就是一种与生俱来、人皆有之的心态,所以稍不注意就会被它左右。惰性会"杀死"人的存在感,庄子曰:"夫哀莫大于心死,而人死亦次之。"说的就是这个道理。

同样,如果任由惰性心理在团队中肆虐,团队就会走向败亡。当团队向成员交付一项工作的时候,时常有人会滋生出一些负面的想法,例如:"这件事情明明是大家的，为什么单单落在了我头上？"他们总是觉得自己承担了太多责任，总是觉得别人要比自己轻松，且还总能为以上结论找到一些听起来很有道理的论点。实际上，这就是惰性在作祟。

对于这样的情况，要引导有情绪者搞清楚问题的关键：为什么会产生这样的想法？是工作太多，导致身心俱疲、不堪重负，因而产生了惰性？还是觉得眼前的事情不能激起奋斗欲和成功欲，内心疲惫了？无论心结是什么，尽量把它挖掘出来，把缘由想通，这样内心负面的抱怨才会减少，从而让积极的心态重新占领高地。

如果确实是累了，不妨先休息一下，一个人如果总是得不到休息，那么他最终会陷入"习惯性惰性"的陷阱中——总是在做事，却总是以消极的心态和疲惫的身体去敷衍了事。与其这样，不如先把事情放一放，毕竟磨刀不误砍柴工。

如果是因为压力太大，总是希望逃避压力，因而产生惰性，那就要通过"分解任务"的方式，把一个太沉重的目标分解成为若干个比较容易达成的任务。与此同时，大压力也被分解成了小压力，就不会不堪重负了。

总而言之，要通过具体的行动，去消除内心的惰性。

实际上，大多数人的惰性，是通过生活中的一桩桩小事培养出来的。例如，很多人都有一个让闹钟延迟五分钟的习惯。每天早上要七点中起床，怕自己起不来，就定了一个六点五十五的闹钟。闹钟响了之后，心想："我还可以再睡五分钟。"于是按下了闹钟延时按钮，等到闹钟再次响起，心想："待会收拾的快一点，就可以腾出五分钟时间，还可以再睡一会儿……"

这就是一个典型的培养惰性的坏习惯，它让人觉得——我可以和时间讨价还价，如此想法每天都在重演，就会成为一个思维习惯。所以，在这些生活中的小事上，我们要特别注意，最好养成"马上行动"的习惯，因为时间都是自己的，谁也不可能占到时间的"便宜"，只会被时间所惩罚。

惰性严重的人，往往还有一个共同点：善于制定长期目标，却疏于管理自己的短期目标。说起未来的规划时，口若悬河、头头是道，可对于明天要做的事情，却往往会拖到后天、大后天。惰性严重的人，不是不想做事，而是总想着时间多得是，今天可以不做，明天可以少做。他们会尽量把事情放到最后去做，为的就是眼下舒服，真的到了非做不可的时候，他们又会因为任务太重、时间太紧而产生极大的心理压力，从而导致做事效率低下，任务不能如期完成。

每一次计划失败的经历，其实都是在给惰性"加码"，一个总是完不成任务的员工，就总是无法享受任务达成之后的喜悦。没有这个心理上的"正反馈"，就没有走出惰性思维的动力，最终形成了"懒惰导致失败，失败导致更加懒惰"的恶性循环。

为了摆脱惰性，应该多设置一些可以达到的短期目标：先别去想任务的最终期限，而是多去想一想明天要把什么事情做成功。一步一步完成目标，在一次一次的小成功之中，享受喜悦，克服惰性，最终会获得大胜利。

作为团队的一分子，谁都不能无视自己的惰性，连岳一句话说得好："如果你不及时按照自己所想的方式去活，那总有一天你就会按自己所活的方式去想。"如果不能及时地走出惰性的泥潭，久而久之，就会习惯于在惰性，长此下去，就会成为团队的"拖油瓶"，最终与团队"割裂"。

无论是生活里，还是工作中，人都会在某个时刻，觉得自己的积极和坚持收效甚微、意义不大。此时，最容易滋生惰性心理。即便是一个一贯积极进取、执行力很强的人，也会有那么一个瞬间，想要偷偷懒、开个小差。

这是人之常情，但此时的我们应该明白一件事情，惰性心理如同是门外拼命想进来的猫，有时候，你只把门打开了一条缝儿，它就立刻窜了进来。在工作中产生的惰性心理，一般都会在接下来的任务周期内，对你产生负面的影响。所以，即便是想要"偷得浮生半日闲",也要把握好时间,最好等一个任务彻底完成之后,再放纵自己的思绪。古人云,行路一百半九十,如果我们在即将看到曙光的时候闭上眼睛,就可能错过下一个日出。

尼采说:"如果这世界上真有奇迹,那只是努力的另一个名字。"用努力和自律去对抗惰性,或许你的努力暂时不被人们所认可,那么也请你记住松下幸之助的一句话:"不要嘲笑那些比你们拼命努力的人,也不要理会那些嘲笑你拼命努力的人。"因为能够摒弃自身惰性的人,既是自己的英雄,也是团队的财富,绝不会被轻易埋没。

【拓展链接】克服惰性的步骤

克服惰性,有三个关键性的步骤:

一、弄清楚惰性的来源

人之所以有惰性,原因是多方面的,有时候是因为身体疲倦,有时候是因为精神不够集中,有时候是因为对于眼下的事情从心理上抗拒。搞清楚惰性的来源之后,才能真正消除惰性。如果是因为身体疲倦,不妨先休息一下,磨刀不误砍柴工;如果是精神不够集中,就要排除那些干扰思绪的因素;如果是心理抗拒,就要重新认识眼下的事情,以转变自己的态度。

二、提升专注力

如果我们同一时间有太多的事情要做,就很容易把自己的注意力分散出去,结果哪件事也做不好。为了避免这种情况,在工作中不要进行多任务处理,一次只做一件事。

三、过有秩序的生活

生活和工作是紧密相连的,如果生活没有秩序,那么在工作中就很难有动力。

一位心理学家说:"每天早上起来把被子叠好,养成这个习惯,你会发现无论做任何事情,你都会更有执行力。"这就告诉我们,想要摆脱工作中的大懒惰,就必须先把生活中的一些小事情做好。

沟通！沟通！再沟通！

通用电器公司总裁杰克·韦尔奇说："管理就是沟通、沟通再沟通。"松下幸之助也说："企业管理过去是沟通，现在是沟通，未来还是沟通。"

可见，沟通是团队管理过程中最应该被重视的一个环节。然而，很多团队在实际工作中，并未真正地理解沟通的重要性，甚至不自觉地忽视了它。原因就是，多数人都觉得自己的沟通没问题，很少有人会主动怀疑自己的沟通意愿和沟通能力。

我们要明白一点，团队沟通和亲朋好友间日常沟通有很大的不同。亲朋好友间的日常沟通中，感性大于理性，情感联络大于信息传递；可在团队沟通中，效率是要摆在第一位的，只有不断提高团队沟通的效率，才能逐渐强化团队的执行效率。

假设，你在工作中碰到了一个问题，需要去请教同事或领导，你会怎么做？

第一种做法：不假思索，立刻转身去问同事。

第二种做法：沟通之前，先简单梳理这个问题的已知信息，罗列出缺少的重要信息，同时分析问题所造成的影响。做好了这些准备工作之后，再正式进入沟通环节。

显然，第一种沟通方式就属于低效沟通。如果仅仅是带着问题去沟通，很可能一个问题会衍生出一系列问题。由于对衍生问题缺乏准备，所以沟通的效率自然也不会太高。

第二种沟通方式，才是团队沟通应该有的状态。在提出问题之前，先把问题进行透彻的分析，然后在沟通时直击要点，避免陷入混乱的沟通状态中。

下面的工作场景，相信大部分人都遇到过：

甲给乙一份文案，然后问乙："快帮忙看看有没有问题？"

乙接过文案一看，篇幅很长，和他眼下的工作也没有直接的联系。可是，出于同事间的感情，乙还是决定帮甲。于是，乙问："你觉得这个文案哪里还不太理想？"

甲说道："我也不知道具体哪里有问题，就是觉得肯定有需要改进的地方。"

乙只好耐着性子去把文案通读了一遍，然后问甲："你是觉得A不太好吗？"

"A？这应该没问题吧。"甲说道。

乙又问："那应该是B的问题？"

甲摇摇头说："B的问题不大，我觉得这样就行了。"

两个人说来说去说了十几分钟，才终于把问题"对上了"。但是，乙并没有因为帮助了团队成员而产生丝毫的喜悦，反而在内心中暗自说道："帮助人的成本实在太高了，以后这种事情还是少揽的好，耽误时间！"

其实，不是帮助的人成本太高，而是两个人用错了沟通方法，拉高了沟通的成本。要知道，在团队沟通中，第一个需要掌握的技巧就是——尽量把问题具象成一个可以有效执行的任务。

就甲而言，在需要同事帮忙的时候，他不应该说"这个文案你帮忙看一下"这样的话，因为"看一下""盯一下"，都属于模糊用语。高效的沟通，在提出问题时，就要明确——"看"要怎么看？是要看看文章中有无逻辑问题？还是看文章的格式是不是正确？"盯"要怎么盯？是不加干预的盯，还是要在盯的同时达成某一种目标？

这些模糊用语，在团队沟通时，一定要少用，因为它很容易造成同事无法理解的真实意图，从而导致沟通失败，或影响工作进度，浪费时间和精力。而且，在团队沟通中使用模糊用语，还容易造成"责任不明"。万一任务失败，沟通的双方都会觉得对方没有认真听自己讲话，所以才招致失败，形成相互推诿责任的局面。这不仅会进一步降低团队协作的效率，也会极大地影响团队的凝聚力。

在团队沟通中，第二个需要掌握的技巧是——简单明了。

有时候，团队成员喜欢把简单的话说得特别复杂，把明白的事情弄得特别糊涂。就拿下达团队任务来说，有些人喜欢写长篇大论的"文稿"，让同事们通过阅读文稿去判断自己需要做什么、要和谁合作……这种"文字性"的沟通，如果不能把语言精练到一定的地步，效率其实是很低的。聪明的团队沟通者，他们能用图标的时候，就不会用文字；能用三百字说明白的问题，就绝对不会写上几千字。

所以，在日常工作的沟通中，除非必须要用文字或口头表达的方式沟通，否则请尽量尝试图表、流程图、思维导图等形式来表达你的需求。

在团队沟通汇总，第三个需要掌握的技巧是——不同的人使用不同的沟通技巧。

在团队沟通中，这是一个非常实用的技巧。余世维说："团队沟通有三宗罪——往上沟通没有胆（识）；往下沟通没有心（情）；水平沟通没有肺（腑）。"造成这三宗罪的根本原因，就是因为没能根据沟通的对象，选择沟通的方式。

与上司沟通时，要落落大方、简明扼要；与下级沟通时，要换位思考、以心换心；与同级沟通时，要率先建立起足够信任基础，这才是高效率的团队沟通法则。

工作中，同级沟通是最为频繁的，所以，想要提高团队的协作效率，最需要做的事情就是建立起同级之间的信任基础。那么，这个信任基础是怎么建立起来的呢？

说到底，还是要在沟通的时候照顾到双方的利益。

话说，一个新娘子嫁到婆家的第一个晚上，听到有老鼠在咬粮食口袋，于是她说："老鼠在吃你家粮食！"新郎听了很不高兴，说："管他呢，让老鼠吃吧，吃完了咱们都饿着。"于是，两个人便因为"要不要一起挨饿"这件事情争吵起来。

第二天晚上，新娘子又听见了老鼠的声音，她对老公说："你听，老鼠在吃咱们家粮食！"新郎听了二话不说，披着衣服就把老鼠赶跑了。

为什么同一件事情，用不同的话说出来，效果完全不一样呢？很简单，涉及一个立场问题。在团队沟通中，你必须和同事站在同一个立场上，双方自然就会形成信任关系。有了这层信任关系，再结合我们之前所说的沟通方式，同事之间的沟通障碍就会被扫除，团队协作的效率自然会有很大提升。

【拓展链接】三个提高沟通效率的诀窍

提高沟通效率，有三个小诀窍：

一、用笔代替心

有时候，沟通效率低，是因为人的记忆力有限。说了一大堆话，最后记住的却是少数，要多次重复才能巩固记忆。这时候，我们可以用笔代替心，去记别人讲的话。俗话说：好记性不如烂笔头。通过记录，不仅可以将对方传递给你的信息一次性记录到位，且记录的过程本身也是一个思考的过程。

二、向对方确认

在别人说完话之后，你要养成即时确认的习惯："你刚才的主要意思有三点：A、B、C，对吗？"通过这样的方式，来理顺双方的沟通思路。

三、定时沟通

团队合作中，要养成定时沟通的习惯。不管是上级对下级，还是下级对上级，都要将自己掌握的信息定时传递给对方："我现在已经完成了A，正在准备B……"通过提高沟通频率，来降低单次沟通的难度，从而提高效率。如果把所有事情都放在一起说，千头万绪，很难说得明白，无形中导致了低效率的沟通。

提高效率，要善于做减法

提高团队效率，有两个途径：

第一个途径是做加法——不断地寻找有助于提高团队效率的方式方法；

第二个途径是做减法——果断地摒弃那些降低团队效率的传统工作法。

当我们把加法做到极致的时候，如果团队效率还未达到自己期望的水平，就要考虑做减法了。做减法之所以要放在做加法之后，是因为做减法意味着我们要改变自己过去已经习惯了的行为方式。人们学习新的东西很容易，抛弃旧的模式却很困难，这需要一个反思自己和否定自己的过程。

有关加法，我们说得已经不少，在此着重谈谈提高效率要做的几大减法。

第一个减法：缩减会议的规模。

戴夫·巴里曾经说过："如果你必须用一个词来总结人类未能达到预期目的，并且从来不会发挥出其全部潜力的原因，那么这个词一定是'会议'。"的确，我们有很多的团队太喜欢开会了，每天早上有晨会，下午有总结会，一周之内必有周会，一月之间还有月会。

会议当然是有用的，但并非所有会议都有用。简而言之，有用的会议必须要满足两个特点：一是议程清晰，二是有合适的人参加。如果会议不能满足这两个特点，就要考虑是否有必要召开会议了。有些不该开的会，不妨先放一放。

考量一个会议的议程是否清晰，其实是在权衡会议本身的目的是否明确。如果我们因为某个切实的问题，需要召开一个会议，那么这个会议的议程不用怎么梳理，它都是比较清晰的。相反，如果不知道为什么要开会，即便是提前设置好了议程，也一定会跑偏。最明显的例子就是每天召开的晨会，天天开、月月开，开到最后，大家都忘了自己为什么要开会。结果，只能按部就班地走个流程就散会。如此会议，除了形式上的作用之外，其实益处不大。

判断一个会议应该有哪些人参加，其实是为了明确会议的内容。

很多团队一开会就把所有人都召集起来，会上谈了大半天，结果发现有些人根本插不上话、也没必要插话，那么他究竟所为何来？这其实是一种典型的浪费行为，浪费的是人力成本。

所以，每次会议之前，我们都应该想明白：这个会议有没有开的必要？谁有来开会的必要？把这两个必要想明白了再开会，就会筛除掉许多无意义的会议，从而增加团队的工作效率。

第二个减法：筛选优先级比较低的工作。

团队永远不缺任务，但如果把所有任务都放到一起，一股脑地摊派给团队成员，就会造成主次不明、先后不分的结果，大家做起事情来眉毛胡子一把抓，毫无头绪、浪费精力，从而导致了团队效率低下。

为此，无论是团队的管理者，还是任务的具体执行者，都应该在工作中学会鉴别那些低优先级的任务，让自己将大部分精力都专注到核心任务之上。

或许有人会说："低优先级的任务，是不是代表它是不需要完成的任务，可以不做吗？"我们要知道，筛选的目的，不是为了不做，而是不盲目地做。

假设我们有五个任务需要完成，其中两项是特别重要的，剩下三项不那么重要。这个时候，就该先把不重要的三项任务放一放，专攻重要任务。如果我们做

A 任务的时候，心里想着："我还有 C 任务需要做，那个任务虽然不太重要，但是比较简单，要不然就先把 A 任务放一放，去做 C 任务……"

请注意，当我们有此想法，并按此行事后，往往会发现：重要任务被耽搁了，简单的任务虽然完成了，可花费时间一点也不少。人们很容易因为任务简单，就降低工作强度。最后的结果就是，被简单任务麻痹，耽误了不少时间，等到该去完成关键任务的时候，时间不太够了，关键任务的完成质量大打折扣。

关键任务完成的好不好，是衡量业务能力的一个重要标准。如果关键任务完成得不好，团队的效率和效益，都会受到严重的影响。

第三个减法：减少不必要的沟通渠道，统一沟通平台。

有些团队可能会利用多个沟通工具进行沟通，如微信、邮件、钉钉……虽然每一个沟通工具都能够提高工作效率，但是工具多了，反而会造成相反的结果。光是折腾这些社交软件，就要耗费大量的时间。所以，团队最好在统一的沟通平台上交流，以减少不必要的时间浪费。

如果现实情况不容许统一沟通平台，那么团队成员就应该给每一种沟通平台，赋予一个专项功能。例如：邮件用来假期沟通，钉钉用来工作时间沟通，微信用来视频会议时沟通。

一个团队，越是复杂，就容易出错。相反，如果能够在团队协作中做减法，把复杂问题简单化，就可以非常有效地提升团队的效率。我们都希望被团队所成就，而只有那些有效率的团队，才有能力成就我们的愿景。所以，团队中的每一个成员，都应该为提高团队效率，不断地学习高效率的团队协作。如此，个人和团队才能真正实现彼此成就。

【拓展链接】识别静态优先级和动态优先级

　　静态优先级和动态优先级，是计算机领域的一个概念。计算机每时每刻都在执行任务，在没有打开外部程序的时候，它会按照静态优先级来处理任务；在打开外部程序之后，它又会按照动态优先级来处理任务。

　　团队也是如此，在我们按部就班工作的时候，属于静态优先级的状态，所有成员都按照之前的计划去选择重要和不重要的任务先后执行；可当团队有了突发状况之后，就要打破静态优先级，重新制定完成任务的顺序，进入到动态优先的工作模式中。

　　团队一定要能够区别两种优先级，不要在需要动态优先的时候，还抱着静态优先的理念不放，那样只会让团队显得僵化、死板，不能顺应环境的变化。

第八章

人性管理 | 经营团队，就是经营人心

有温度的团队才是好团队

南风法则,是一个被管理学界普遍认可的理论,它源于法国作家拉封丹的一则寓言。

北风和南风相遇,北风认为自己更具威力,于是提出要和南风比赛,看谁能把行人身上的大衣吹掉。北风率先行动,它呼啸而来,天地之间狂风大作,吹动了每个人的衣襟。结果,人们为了抵御寒风,把大衣裹得紧紧的。这时候,南风出场了,它徐徐吹来,天地之间一片春暖花开的景象。人们觉得天气很好,便主动解开了纽扣,脱掉了大衣。

南风法则传递了一个启示:想要让其他人按照预期的想法去行动,温暖胜于严寒,柔性胜于刚性。具体到团队管理中就是,只有尊重和关怀,能让团队成员真心与团队站在同一条阵线上。有爱的团队,将形成最终的、最强的凝聚力。正如美国西南航空公司总裁赫伯·凯莱赫所说:"以爱为凝聚力的公司,比靠畏惧维系的公司要稳固得多。"

过去,不少企业都在强调,顾客就是上帝。而今,现代西方企业管理学家提出了一个颇具新意的观点,他们认为企业可以有两个上帝:首先是顾客,其次是员工。而美国罗森布鲁斯旅游公司则更为激进,他们独树一帜地提出了"员工第一,顾客第二"的口号。

在这一理念的指引下,罗森布鲁斯旅游公司的管理层把自己当成了员工的服务者,他们日常的工作就是帮助员工解决问题,洞悉员工的实际困难,并想方设法地予以解决。在这样的氛围下工作的员工们,完全没有了后顾之忧,他们把所有的精力都用在了服务顾客上。所以,该公司的客户在与服务他的员工接触时,往往会发现对方是真正热爱自己的事业,他们积极乐观,用非常敬业的态度处理每一件小事。因此,客户的消费体验也大大提升了。

靠着"员工第一,顾客第二"的管理思路,该公司仅仅花了十余年时间,便成为世界三大旅游公司之一,获得了极大的成功。

这就是人性管理的妙处,你给员工以温暖,员工便以同样温暖的心态对待客户、对待工作。人都是这样,当他们心情愉悦的时候,工作中的困难和挫折就不会太放在心上,能够以积极的心态去面对一切。对于人性的投资,是团队管理者最需要做的事情。就像日本麦当劳董事长藤田所讲:"感情投资是在所有投资中,花费最少,回报率最高的投资。"

当然,在实施人性管理的过程中,我们经常会遇到一些难题,其中最常见的问题就是:当人性管理与团队制度相违背的时候,该怎么处理?

某团队有规定,如果每个月请假超过三次,那么员工本月的奖金将会被扣除。前不久,一个员工的父亲生病住院了,该员工一个月与之内请了五天的假,去医院陪床。后来,他的父亲出院之后,员工连续加了好几天班,把当月的任务如期完成了。

如果你是管理者,你会怎么办?

是按照规定扣奖金?还是为了人性化管理忽视团队的制度,照常发放呢?

两种做法,看起来似乎都有道理。采取第一种办法的人会说:"制度是至高无上的，虽然员工情有可原，但制度不能因此失效。"采取第二种办法的人会说："法理不外乎人情，既然人家确实有困难，就不能死抱着制度不妨，寒了人心。"

那么，该团队的管理者，最后是如何解决这件事情的呢？

他先是按照制度规定，扣除了员工当月的奖金，然后又帮助该员工申请了双倍的加班费。他是这样向团队成员解释的：某某请假超过三次，按照规章制度，扣除了他的奖金。他请假的原因比较特殊，为了照顾生病的父亲，在这样的情况下，就算他本月不加班、完不成任务，也是情理之中的事情。可在这种情况下，某某还是利用周末时间加班完成了任务，保证了团队工作计划的顺利执行，所以加班费理应照付。

就这样，该员工虽然被扣除了奖金，可是算上加班费，发到手的工资比平时还要多。对于刚刚因为父亲生病支出了一大笔钱的他来讲，这个结果是出乎意料的，也是倍感欣慰的。所以，他对团队充满了感激。团队的其他成员看到管理者如此善待同事，也都非常感动，工作起来更加积极。因为他们知道，当自己遇到困难的时候，团队和自己是站在一起的，这样的团队值得为之付出。

这就是一个完美权衡制度和人性的管理实践。在管理过程中，制度是神圣的，不能轻易被打破；但制度也有考虑不周的时候，有时候会显得十分冰冷。人性化管理，就是为了平衡制度的"温度"，它是可以变通的，可以在员工可能被制度"冻伤"的时候，提前为管理"加温"，保证团队的温度。

在制度的约束之下，人们能够按部就班地完成任务。可是，一个现代化的团队，不仅仅需要只能完成既定任务的"工具人"，更需要富有激情和创造力的员工。人性化管理的存在，就是为了充分挖掘员工的潜能，助力企业生产力的提高。

更重要的是，人性化管理能够提高员工对企业的忠诚度。在企业运转中，人才培养是一项重要的投资，如果员工的忠诚度不足，就会面临人才的流失。通过人性化管理，减缓人才流失的频率，降低培训成本，就等于降低了企业和团队的经营成本。

所有的团队都应该认识到，现在社会中，"90后"及"00后"已经逐渐成为企业的生力军。这个群体的经济条件更好，自由意识更突出，他们在选择职业的时候，不仅仅会考虑薪资福利，也会考虑氛围、环境。在这样的背景下，如果一个团队仅仅是用严格的规章制度去约束他们，很可能会引起他们的反感。所以，我们需要加大人性化管理的力度，从而保证团队能够吸引、留住更多富有创造力和工作激情的年轻人，让团队充满年轻朝气。

不要轻易给团队成员"定性"

团队管理，可以笼统地划分为科学管理和艺术管理。

科学管理，如同构筑一个大坝，提前想好什么情况会导致大坝坍塌，在设计管理制度的时候未雨绸缪，在具体的管理实践中"缝缝补补"，其核心思路，就是要通过明确的管理法则，来避免团队走向失败。

艺术管理，如同是利用大坝里的水来发电，如果始终把水禁锢在大坝之内，那它们是毫无价值的；必须要给水一些自由的空间、一个宣泄的出口，大坝里的水才能转化为电能，才能创造出可观的价值。

科学管理，能够保证团队在起步和运转的过程中平稳发展。可当团队发展到一定阶段的时候，就需要引入艺术管理了，借此来挖掘团队潜力、提升团队的攻坚能力。

艺术管理的核心，依然还是人性管理。

人性管理听起来是个很宽泛、形而上的概念，可在实施方面，还是有迹可循、有法可依的。总的来讲，人性管理的核心，就是要通过人性的激励，挖掘团队成员的潜在价值，甚至将团队成员身上的短处，变为优点。

一般的管理理念，提倡扬长避短。然而，在现实的工作中，所谓的优点和缺点不是一个绝对的概念。没有静止不变的长，也没有一成不变的短。员工的优点，如果不能被合理的利用，就会变成缺点；员工的缺点，如果把它摆在正确的位置，也可能会变成长处。

举个例子，有些员工在工作中喜欢斤斤计较，无论大事小情，都要讨个说法出来。这种性格特质，通常会被视为缺点，可如果你让他去负责质量管理，那么这个缺点瞬间就会变成优点，你将获得一个要求严格、不徇私情的质量管理人员。

随着团队工作场景的变化，团队成员的优势和缺陷，都可能随之发生逆转。在管理学上，人们将这一现象称之为"长短辩证"，是管理中最容易被忽视的一种辩证关系。

正因为此，在实施人性化管理的时候，不能轻易给一个员工"定性"：A 是可用之才，要更倚重他；B 是平庸之才，只能交代一些简单的事；C 是朽木一块，能不用尽量不用……一旦对团队成员有了刻板偏见，随之而来的就是明显的好恶。这个时候，团队的人性化管理也就变了味，即对自己看中的人很人性，对自己不太看中甚至不喜欢的人，非但不讲人性，甚至都缺乏"人道"。这种选择性的人性管理，比没有人性管理更加可怕。

一个有集体格局的团队，一个有团队精神的管理者，首先要以平等的心态去看待团队成员。只有如此，才不会被刻板偏见蒙蔽了判断力，从而对团队成员有更加明晰的认识。

松下电器公司副总经理中尾哲二郎，原本是其他公司的员工，这家公司和松下公司有一些生意上的往来，所以公司负责人和松下先生有一些私交。

有一天，松下先生来到这家公司考察，他觉得中尾哲二郎和这家公司的其他人不太一样。在车间里，他就好像一个指挥官似的，不时地指出同事在工作上的问题。看得出来，大家都不太喜欢他。于是，松下便向该公司的负责人打听:"这个年轻人是谁?"

负责人说:"这家伙,是一个只会发牢骚的人,天天在办公室里对其他同事指手画脚,好像他有多厉害似的,其实他自己也不怎么样。"

松下先生却不这么认为,他觉得像中尾这样的人,虽然有爱发牢骚爱挑剔的毛病,但也看得出,他是一个敢于坚持原则、勇于创新的人。松下先生认为,这样的人留在一个不能给他施展空间的企业里,完全是一种浪费。于是,他当场就向企业负责人说:"既然你们觉得他不太好,不如这样,让他来我的公司。"松下先生亲自开口,对方当然很爽快地答应了。

中尾来到松下公司后,松下幸之助让他负责整条流水线的生产监管。果然,在松下公司,他的缺点完全变成了优点——工作中一刻也闲不住,总是在厂子里转来转去,看见谁做得不好,就马上过去指正……他"吹毛求疵"的性格,很快就成为松下公司提升产品品质的一个重要保证。最终,由于表现突出,中尾哲二郎当上了松下电器公司副总经理,成为这家跨国大企业的"二号人物"。

松下幸之助曾经说过:"只有放错了地方的宝剑,没有天生毫无用处的顽铁。"

其实,"知人善用"是很多成功管理者的共性。

20世纪80年代的时候,很多国有企业面临着生存艰难的局面。

有一家造纸厂,连年入不敷出,眼看就要走到破产的边缘。此时,厂里来了一位新厂长,这个人来到工厂之后,先是来到了基层,和工人们打成一片。大家都觉得这位厂长很接地气,比较好相处,但没有人认为,他能够扭转企业的不利局面。

过了一段时间，厂长开始大刀阔斧地进行人事调动：谨小慎微的车间主任，原来根本就管不住性格大大咧咧的基层工人，厂长让他去当安全生产监督主任；爱传闲话、爱打听消息的基层女工，厂长让她当信息员、去跑外联；性格暴躁的年轻人，厂长安排他当青年突击队的队长，关键时刻就要顶上去。

在刚开始进行人事调动的时候，大家并不是很满意，因为以前的工作做习惯了，现在突然要换个岗位，谁心里也没谱。可是干了一段时间，发牢骚的人就少了，因为大部分人发现，自己在新岗位上干得特别"顺心"：爱说话的女工人，脱离了单调的车间环境，可以发挥自己的长处；性格暴躁的年轻人，满腔热血有地方释放了，就没精力惹是生非了……大家都干了自己擅长的事情，兴致当然不一样。

半年之后，在全厂人各司其职的努力之下，工厂顺利转亏为盈，成为当地少数几个摆脱了精英困境的地方企业。这时候，人们才意识到——原来厂子不行，不是事做错了，是人用错了地方。现在重新安排一下岗位，很多问题都解决了。

正所谓金无足赤，人无完人，这世上完人很少，大部分人都是优缺点并存。好的团队，就是一个发挥优点的场所；而坏的团队，就是滋生缺点的温床。这一好一坏，不仅决定着团队的未来，也决定了每一个团队成员的成长轨迹。

【拓展链接】如何管理有短处的员工？

面对有短处的员工，我们应该采取以下几个手段，帮助他正视自己的短处。

一、夸奖有短处的员工

一个有缺点的人，不容易得到别人的夸奖，但他们又格外希望获得别人夸奖。

所以，作为管理者，不要总是揪住员工的短处不放，要夸奖他们的长处。通过夸奖，可以帮助这些员工树立信心，提升他们克服缺点的意愿。

二、帮助他们克服内心挣扎

有短处的员工，其实内心也知道自己的不足，但由于性格等难以改变的因素，他们又很难短期内克服自己的不足，所以内心往往非常挣扎。管理者可以告诉他们：团队更需要你的长处，那是你最大的价值，有缺点可以改正，且世界上也不存在完全没有缺点的人。通过这样的交流，让员工放下心中的忧虑，全身心地投入到工作中。

信任，是团队最宝贵的财富

信任是团队合作的基础，信任度越高，效率也就越高。作为团队的管理者，一定要在团队中建立成员间的信任机制，让团队在信任的基础上实施协作。管理者一定要非常清楚：在建立信任的过程中，什么是重要的？什么是次要的？这十分关键。

总体来说，建立信任体系，有四大"重要"要铭记于心。

第一，宽容比体面重要

管理者想要在团队中倡导合作的氛围，就不能总是摆出一副高高在上的姿态，板着面孔下达指令，责令员工"按我说的做就行了，少说话多办事"。要知道，"合作"最需要的是主观能动性，如果员工没有主观能动性，最多能做到"配合"，谈不上合作。

还是用汽车来举例，汽车上的零件，少了哪个都不行，相互之间存在密切的联系，但是我们不能说"零件在合作"，显然不是的。合作，永远是有独立思考能力的个体共同进行的复杂工作，而不是简单的拼凑。所以，管理者越是在乎自己的体面，越是过度地强调自己的权威，团队成员之间越不容易建立起相互信任的关系，协作意愿就会越低。

另外，太过于强调个人权威的管理者，往往不够宽容，当员工犯了错误，他们经常大惊小怪、锱铢必较。因此，员工在工作中经常会战战兢兢、如履薄冰，他们害怕犯错，更害怕别人的错误会牵连到自己，所以彼此之间就会失去信任的基础。

作为管理者，应该谨记，宽容比体面更重要。管理者的宽容，会影响到团队成员，让他们彼此之间也能多一些宽容。况且，宽容正是合作的基础。因为在合作中，避免不了磕磕碰碰，如果大家都不宽容，合作是无法持续的，只有在一个从上到下都能彼此宽容的团队里，人们才愿意积极合作，遇到问题之后群策群力积极应对。

第二，态度比指标重要

中国足球队前主教练米卢蒂诺维奇曾说："态度决定一切。"正是因为有了这种理念，在他的带领之下，中国足球队当时取得了历史上最好的成绩，打进了世界杯。

现在，我们来做一个假设：团队中有两个人——第一个人，各项指标都非常出色，可是态度不端正；第二个人虽然能力一般，但做事非常积极，态度非常好。请问，如果你是领导，你更信任谁？更愿意和谁合作？相信多数人的答案都是后者。

端正的态度，是团队成员之间相互信任的基础，因为只有态度端正了，人们才会确信"他在合作中不会掉链子，不会偷奸耍滑"。

大多数时候，取得好成绩的人，也是那些态度端正的人。若态度不端正，可能会获得一时的成功，但在漫长的工作生涯中，难免会跌跟头。跟这样的人合作，短期之内可能没问题，可是从长远来看，合作者的业绩有可能会被拖累。所以，从个人长远利益的角度出发，人们也更愿意信任态度端正的人，更愿意与他们进行合作。

第三，团队成功比管理者个人的成功更重要

管理者想要获得团队成员的信任，就应该做到凡事以团队为先。这不是说，管理者就不应该追求个人利益，也不是鼓励管理者牺牲个人利益去满足团队需求，而是提醒管理者，不要"与团队争利"。

张凡是某团队的管理者，他们的团队最近表现不错，拿下了几个重要的客户，为企业创造了将近三百万的营收。为了鼓励张凡团队，企业决定在原有奖励的基础上，拨出一笔款项作为附加奖励，且由团队内部分配。

奖金很快就到了张凡的手上，一共两万块，团队里包括他在内共有五个人。其他四位团队成员知道这件事情后，非常高兴，因为这段时间为了拿下客户，他们都是兢兢业业、勤勤恳恳，付出了很多。所有人都认为，这笔钱应该是大家都有份儿。

可张凡却不这么想，他觉得，能够拿下重要客户，自己起到了关键的作用。所以，这笔奖金自己应该拿大头，员工拿小头。所以，在进行奖金分配的时候，张凡给了自己一万块，然后给每个团队成员发了两千五。

拿到奖金之后，团队成员都傻了。虽然他们也明白，这次张凡的贡献很大，可之前公司已经把相应的提成发给了他，他的贡献已经得到了回报。这笔钱，公司很明确地说是奖励给团队的，现在张凡却如此分配，很明显有点不太公平！为此，所有员工很不满，自此也失去了对张凡的信任和尊重，在工作中不太愿意配合。之后，张凡团队的业绩也开始下滑。

管理者在工作中，应该搞清楚一件事情：哪些利益是团队的，哪些是自己的？不能因为自己是团队的负责人，就觉得团队的就是自己的。如果不能做到公是公、私是私，管理者和员工之间就很容易形成"利益冲突"，彼此之间的信任也会荡然无存。团队管理者，于公于私，都不应该被眼前利益蒙住了眼，做出不公道的决策。

第四，平等比权威更重要

越平等，就越容易产生信任，这是管理中的一个真理。

早在20年前，IBM公司就提出了"人格平等"的管理理念，IBM公司的高层认为：如果员工在公司得不到管理者的尊重，那么员工就不会真正信任管理者。

华裔管理大师郭士纳上台后，又在"尊重个人"的基础上加上了一条"团队精神"核心价值观，"相互尊重＋团队精神"，二者合一，形成了IBM从上到下相互信任、相互扶持的企业文化。

在团队的构建上，当然是有管理者和被管理者的区别，但是在合作中，应该宣扬平等的理念，因为大家的出发点都是一样——为团队做贡献。正所谓：革命只是分工不同，没有地位高低。管理者不要把等级观念过于扩大化，那样只会让团队成员在合作中畏首畏尾，不知所措。

以上，就是建立团队信任关系的四个关键点。管理者应该将其贯穿到工作中，让团队变成一个相互信任、乐于合作的整体。

【拓展链接】掌握信任的基础

想要让别人信任你，或者在团队中建立普遍的信任，需要打开三个基础：

一、可预测

信任是建立在可预测的基础之上，一个人之所以会信任另外一个人，是因为他相信，自己能够"预测"对方的行为。一个人愿意借给一个人钱，是因为他预测对方一定会还。如果他不能做出预测，那么就不会信任对方，不会把自己的钱交给对方。

团队中的关系也是这样，成员之间的相互信任，是因为能够预测对方接下来会做什么事情。这种预测，一方面是建立在对对方性格的了解之上，而另一方面是建立在对利益关系的考量上，即"他这样做对大家对他都有利，那样做对所有人都不好，所以他不会那样做"。

为了团队成员之间的信任，一定要让大家相互了解，并将大家的利益绑定在一起。如此，更容易实现行为的可预测。

二、可依赖

所谓可依赖，包含两个部分：一部分是愿意帮助你，一部分是有能力帮助你，二者缺一不可。在团队中，一个人愿意帮助你，却没有能力帮助你，你不会信任他，因为你怕他把事情搞砸了。另一个人有能力帮助你，却不太愿意帮你，你也不会信任他。只有既愿意、又有能力的人，才能够赢得他人的信任。

三、信念

信念，就是通过多次的合作之后，形成的一种思维定式。

可以说，这是一种不假思索的信任，也是最高层次的信任。一个团队，如果大家在一起合作多年，从来没有出过大问题。那么，成员之间就会形成高度信任，在需要合作的时候，往往会跳过"可预测""可依赖"，本能地选择相信"战友"。

人性管理就是管理人性

"二战"期间，巴顿将军发现，在所有阵亡的盟军士兵中，有一半的人是在跳伞时降落伞失灵摔死的。也就是说，敌人造成了一般的损伤，而另一半牺牲，是自己人的过错造成的。

巴顿将军愤怒了，他命令手下的人去解决这个问题。可下属却告诉他，自己也没什么好办法，因为生产降落伞的厂家说了，他们无法保证降落伞百分百之的安全，这是个技术性的问题，无法在现有的技术条件之下得以扭转。

巴顿听了这番解释，更加生气了，他来到了生产降落伞的厂家，亲自与对方的负责人洽谈此事。降落伞厂家听说巴顿来了，自然是好生招待。可当巴顿提出"要将降落伞的故障率降低至百分之一以下"之后，对方依然搬出了老一套的说辞："这是不可能实现的目标，现在的生产技术还没有达到那样的水平……"

巴顿听了对方的话之后，没有和他纠结于技术上的讨论，而是告诉对方的企业负责人："从今天以后，军方会定期抽检所有的降落伞。抽检的方式就是，你亲自背上降落伞包，从飞机上跳下去。只要你做到了这一点，以后士兵们再出现任何问题，都和你没有丝毫关系。"

说罢，巴顿将军转身离开了。从那一天起，战士们再也没有因为降落伞失灵而发生事故。

这件历史上真实发生的故事告诉我们：大部分所谓的技术性问题，背后其实都是人的问题。

我们之前反复强调，要进行人性管理，意义就在于此。所谓人性管理，就是要用自己的善意，去主动激发团队成员内心的善意。但是我们也要认识到：人永远是两位一体的，既有善的一面，也有恶的一面。我们可以通过善意去诱导善意，也要通过管理去压制恶意。

每一个团队成员，一方面要管理好自己性格中比较负面的部分，尽量以积极的态度对待团队合作；另一方面，每个人也要成为镜子，鞭策和警醒身边的人，在合作中通过"赏善罚恶"，去倡导正确的价值观，抑制错误的行为方式。

想要更好地管理人性，必须对人性有所了解。

人性有三个基本特点：复杂性、独特性和价值性。

所谓复杂性，就是指我们很难用简单的是非观念，去定义一个人。在工作中，我们有喜欢的同事，也有不那么待见的同僚，那么你喜欢的人就一定是"至善"，你讨厌的人就一定是"至恶"吗？答案，显然是否定的。

任何人身上都有光明面和阴暗面，我们不能轻易地用"好坏、善恶、是非"去定义身边的人。一个聪明的团队合作者，会对自己身边的人有比较全面的认识：某个人的优点是什么？缺点是什么？如何能够在合作中利用其优点？规避其缺点？这些问题，都要在长时间的团队合作中，不断地寻找答案。

如果用简单的、二元对立的思维，去认识身边的人，最终产生的结果就是：总是和"你认为的好人"打交道，永远不去和"你认为的坏人"接触，那么一个十人的团队，到了你这里就变成了"五人团队"。

如果想要发挥团队的全部潜力，就不能武断地把团队中的成员"简单分类"，我们永远要记住：绝对的信任可能会招致祸患，而绝对的排斥也可能会让我们变得狭隘。

人性的第二个特点：独特性。

每个人的性格都有其独特之处，要尊重不同的偏好和表达方式。在团队中，很多矛盾的产生，并不是因为在具体的事情上有冲突，而仅仅是因为"他为什么要这么做？我看不惯"！

小时候，我们选择朋友的时候，总是倾向于选择那些性格、行为方式比较接近的伙伴。但是成年后，进入到工作团队中，我们就不能再用自己的偏好去"定性"一个人了。在团队协作的过程中，成员之间、领导和下属之间，都要有容人之量，能容得下别人在想法上、性格上和自己有所不同。如果做不到这一点，就证明个人的协作理念还停留在比较初级的阶段，还没有成为成熟的团队协作者。

人性的最后一个特点，就是价值性。

所谓价值性，就是指在大多数时候，人性都是"趋利避害"的。不管一个人的性格有多怪异、有多不同寻常，只要他是一个正常人，他所做的事情，一定是为了让自己获得某方面的益处。正因为人性具有价值性，所以它才能够被管理。

一个团队，如何才能让人性的善大行其道、人性的恶寸步难行呢？

简而言之就是，让善意得到善报，让恶意得到恶报。想要做到这一点，仅仅依靠团队的"规章制度"是不够的，还需要团队中的每一个人身体力行。

A团队和B团队，人数差不多、业务类型也差不多。最近，两个团队发生了一件相同的事情——团队成员之间出现了"撬单事件"。

所谓撬单，就是一个团队成员将另外一个团队成员已经快要"成单"的业务，通过种种方法"撬"到了自己手里。在大部分业务团队中，这都不是什么"新鲜事儿",但是不同的团队,对于撬单现象有着不同的处理方式。

A团队出现了撬单事件之后,被撬单的员工自然非常愤怒,他指出同事的行为是无法容忍的,而其他知情的同事也纷纷表示:"这不是什么好现象。"有的人去规劝撬单的同事主动把话说清楚,有人提议说一定要让这件事情有个结果。

最后,团队管理者的处理方式是:首先,经过广泛的了解,确认撬单现象确实存在。第二步,对被撬单的同事保证,一定会给他一个说法;第三步,私下找撬单的员工谈话,指出他的行为是不正确的,但念在这样的事情大家以前没有经历过,所以不予追究,并且会把这一单的提成全额发放给了他。但希望他可以主动给被撬单的人百分之五十的补偿,因为对方前期为这次成单做了很多工作。

在管理者的"指点"之下,撬单的人主动找到了被撬单的同事,双方平分了提升,也达成了和解。在最后的总结会议上,管理者对所有人说:"虽然这件事情和大多数人都没有关系,但是大家这么关心这件事情,证明大家心里对团队的制度和公平很在意,这是一个好现象,希望继续保持。"

从此以后,A团队非但没有了撬单现象,团队成员之间的合作也更积极了。

B团队遇到的情况和A团队如出一辙,可管理者的处理方法却是:最初的时候,对这件事情不闻不问、视而不见。等到团队里群情激奋的时候,他站出来对其他想要讨个说法的员工说:"希望你们专注于自己的事情,不要掺和其他人的事情,更不要煽风点火。"

眼看这件事情无法冷处理了,他才找到被撬单的人,说:"我理解你的心情,快成交的单子没有了,搁谁也不好受。但是你得反思一下,是不是因为自己对客户的追踪不够,才导致被撬单的?做人啊,就是要吃一堑长一智！"

最后，他找到了撬单的人，说："撬单这个行为在团队中是不被容许的，但是念在你是初犯，这样吧，这一单的提成你只能拿到一半，怎么样？"

所有人的不说话了，管理者很满意，认为自己成功化解了一场团队危机。但是，从此以后，团队中撬单的现象越来越常见了，人们都觉得既然别人有可能撬我的单，那么我主动去撬别人的单也不算事儿。团队内部的恶性竞争越来越激烈，成员之间的信任度也越来越低，最终一个好端端的团队，散了。

从这两个团队截然不同的"命运走向"，我们就可以清楚地看到，如果一个团队不去管理人性，纵容恶行、漠视正当权益，那么团队的氛围就会恶化到不可收拾的地步。相反，如果在团队中出现"恶行"的苗头时，管理者能够第一时间出面制止，并且能够保护正当利益不受侵犯、投机行为不能得逞，那么"恶"就会被"善"所替代。整个团队通过一次"善与恶"的考验之后，会更有是非观念、更能明晰对错。最终，大家会在正确价值观的引导之下，紧密团结、通力合作，成为更好的团队。

【拓展链接】人性化管理的三个技巧

在团队实施人性化管理的过程中，有一些小技巧可以提高管理效率：

一、先解决对方的问题，再说自己的意见

和团队成员谈话的时候，应该从问问题开始。如果员工有问题，那么就先解决员工的问题，然后再提出自己的意见。

二、适当关心员工的个人生活

管理者和员工之间，如果仅有公事没有私交，那么彼此之间的就会比较远。

有些管理者甚至不知道员工有没有孩子？结婚没有？如此管理者，和员工之间是比较疏离的，一定做不好人性化管理。

三、委任不放任，监督不干涉

提拔人才，可以委任，但不能放任；当然，一旦委任了，就不应该过分干涉。

人性管理的"成本"

团队做任何事情，都是需要花费成本的。

以激励来说，人人都知道每个月给员工发一大笔奖金，一定能激励他们努力工作，可是能够这样做吗？不能！因为成本太高，且这样的行为是不可延续的。如果真的不顾团队的实际情况给予员工超额的收入，团队最后很可能会散伙。到那个时候，无论是集体还是个人，都会蒙受损失。

同样，人性管理也是有成本的。

尽管人性管理不用付出太多物质上的成本，但是这种管理方式，会增加其他成本，如管理成本、人力成本等。既然如此，我们为什么还要提倡人性化管理呢？因为，与付出的成本相比，团队从中获得的收益要更大。

第一，通过人性化管理，可以保证员工的"健康"，这对于团队而言是一项正收益。

员工的"健康"，指的不仅仅是身体上的健康，也包括心理上的健康。如果一个团队只关注利益，而不重视员工心理的发展，团队成员就很容易出现一些心理上的问题。

不要觉得这是危言耸听：2005年的时候，有一个中国员工心理健康的调查。

结果表明：有 25.04% 的被调查者存在着心理上的问题，并且严重影响到了自己的工作效率。

英国有一项研究显示，每年由于压力造成的员工健康问题，产生了大量的医疗费用，给社会造成了数千亿英镑的损失。最近，《财富》杂志的一项调查也显示，有近 7 成的员工觉得自己压力较大或者极大，其中 48% 的人觉得压力太大影响了自己的工作效率，30% 的人认为由于心理问题，自己对工作失去了兴趣。

从这些调查可以发现，如果一个团队不重视员工的心理健康，那么最终一定会影响团队的效率。而保持员工心理健康的重要方式，就是人性化管理。

通过人性化的管理，我们可以让员工疏解工作中的压力，让他们对工作的满意度越来越高。有研究表明，员工对工作的满意度越高，工作效率就越高。所以，尽管人性化管理需要投入一定的成本，可是随着生产效率的提高，是可以把这部分成本"挣回来"的。

其次，通过人性化的管理，可以减少人员的流失，降低培训和磨合成本。

不重视人性化管理的团队，员工对团队也是没有归属感的，因而也不能做到忠诚。工作太过于枯燥，会让人产生更多的"逃离心态"，二者相加，离职率会更高。

如果团队的员工大量流失，对于团队的损失是很大的。首先，你投入在员工培训上的这部分成本，就等于是打了水漂；其次，招聘新员工也需要成本。一里一外，团队将为人员流失付出更多的代价。

据美国管理学会（AMA）的报告，替换一名员工的成本至少相当于其全年薪酬的 30%，对于技能紧缺的岗位，此成本相当于雇员全年薪酬的 1.5 倍甚至更高。如果将企业员工的离职、职位空缺、替代、生产率以及培训等方面的投入全部算上，那成本会更高。

通过人性化的管理，可以增加员工对团队的认可度，避免员工的流失，这等于为团队节约了大量的培训成本和招聘成本。从这个角度来看，人性管理其实是一项可以获得丰厚回报的"投资"，也是团队稳定的"保险栓"。

最后，人性化管理可以节约一部分金钱激励的成本。

这不是说，实施了人性化的管理，就可以给员工少发钱；而是说，如果团队仅有金钱激励的话，会不断地提高员工对金钱兴奋度的阈值，你需要不断地提高金钱激励的额度，才能将团队的积极性维持在一个合理的范围之内。如果有一天，金钱激励在原地踏步了很久都不再增长，员工就会失望。

把人性化管理与金钱激励相结合，就可以解决这个问题。因为人性化管理也是一种激励的手段，它可以部分取代金钱激励的作用，因而帮助团队节约金钱激励的成本。

从上面三点我们可以看出，人性化管理，是一项有投入也有回报的工作，如果合理应用的话，并不会增加团队管理的负担。值得注意的是，如果企业在人性化管理的问题上"矫枉过正"、方式不当，则会无限增加管理的成本，到时候也会产生"入不敷出"的情况。

某团队管理者决定进一步推进自己团队人性化管理的水平，于是宣布：以后上班，除了周一之外，都不用打卡了！大家自由安排时间。然而，这个政策诞生之后，在中午十一点之前，他就再也没有见过自己的团队成员。

某团队由于多年来利润不错，对员工的业绩考核非常宽松，并美其名曰人性化管理。结果发现，他的员工并没有因此而感激团队、回报团队，反而有些人利用宽裕的时间在外面干私活，另一些人则天天混着、不务正业。

以上两个人性化管理的案例，无疑都是失败的。为什么会失败？那就是，只知道人性总是向善的，却忘记了，人性也是最怕放纵的。

人性化管理，不等于放纵式管理。人性化管理的出现，就是为了中和团队中那些比较苛刻的规章制度。光有苛刻的制度没有人性，团队就会丧失生气；光有人性却没有严格的制度，团队就会放纵堕落。管理团队，要能紧能松，能共同欢笑，也能共同埋头苦干。一正一反加起来，才是真正的人性化管理。

【拓展链接】三个防止"人性滑坡"的办法

如果过度强调人性化管理，可能会出现集体的不作为、懒散等现象，为了防止人性滑坡，可以采取下面三个办法：

一、正向引导＋正向惩戒

人性化管理，重视引导而疏于惩戒，这就需要团队出台一些正向的惩戒政策作为补充。世界上那些人性化管理做得成功的企业，自然是充满温情和关爱的，但如果员工触碰了公司的底线，它们的惩戒力度也是非常大的。

二、给员工以选择

人性化管理虽好，却也不能强加于员工身上。比如：有些团队喜欢搞团建，觉得这是人性化的管理。于是，他们规定所有人必须参加。结果呢，一到周日就有活动，很多人苦不堪言。这样的人性化管理，其实是不人性的，因为忽略了个体差异和喜好。只有给员工足够的选择权，才是真正的人性化管理。

三、及时弥补漏洞

人性化管理不是一锤子买卖，如果在实践的过程中，发现现有的人性化管理存在某些漏洞，就要及时进行弥补。不能因为害怕员工觉得"这样不人性"，就任由其发展。那样的话，到最后会产生更大的问题。

▶▶▶ 附录　工具包 ◀◀◀

工具包一：企业建立 PK 文化

PK 文化是让所有员工知道公司是用结果来说话和证明的；是让强者更强、弱者更强的过程；是敢于比赛、敢于挑战的文化。

PK 的目的是让大家参与竞争并关注荣誉；恶性竞争转为良性竞争；由无序管理转为有序管理。

PK 的核心不在于输赢，而在于成长和激发出员工的源动力。

工具包二：公众承诺书

个人公众承诺书（模板）

1. 我_____向公众承诺；

2. 我在_____前要完成_____；

3. 如果没达成，_____；

4. 如果达成，_____；

5. 承诺人_____监督人_____时间_____地点_____

集体公众承诺书（模板）

我宣誓：在_____年，我与我的团队将始终坚持"_____"之宗旨，认真贯彻公司之精神，全面落实公司之决策，为达成公司年度各项业务目标，恪尽职守，尽心尽责，全力以赴，奋力拼搏。

向_____公众承诺，我们在_____前要完成_____，如果没达成，_____；如果达成，_____。

承诺团队_____时间_____地点_____

工具包三：全员早会操作

目的

1. 是经营管理每日的出发点；

2. 是教育训练的最佳场所与时机；

3. 工作管理的基础，出勤管理的闹钟；

4. 是提升单位士气的广场，员工情绪的调节器。

作用

1. 教育：观念的引导、经营目标共识的达成、新知的学习；

2. 激励：正面、积极氛围的形成，成功吸引成功，标杆的树立、每天好心情、士气高昂的保证；

3. 宣导：公司经营方向得以引导、公司经营理念得以深入、部门运作各项信息得以传递、团队精神得以塑造；

4. 早会附加价值：锻炼机会、新人观摩学习；

5. 传承公司企业文化："军队 + 学校 + 家庭"；

6. 以"快乐""成长"和"工作安排"为主题。

工具包四：全员夕会操作

目的

1. 掌握工作进程；2. 表扬分享；3. 问题解决；4. "疗伤止痛"

作用

1. 当天工作成果的验收；2. 追踪目标达成情况；3. 提醒工作不足者；4. 加强辅导沟通；5. 业务技能训练；6. 营造家的感觉

参加人员：两种形式——A、全体人员 B、各部门负责集合

时间：17:30—18:00 或 17:30—19:00（根据内容来定）

工具包五：业务检讨会

要点

1. 检讨会不能流于形式，会议程序必须到位；

2. 每周、每月、每阶段固定时间召开，使主管养成习惯；

3. 会议要能够找出问题，分体原因，拟定对象；

4. 不要开成批评会，要能够帮助主管解决问题。

参会者	工作总结	1. 目标达成情况
		2. 目标（达成、未达成、超额）具体原因分析
		3. 重大或创新的管理与活动的执行情况
	工作计划	1. 下阶段目标
		2. 达成目标的具体措施与方案
		3. 重大或创新的管理与活动规划
领导	1. 点评 2. 工作导向提示 3. 重点工作提醒 4. 勉励	

工具包六：用结果说话

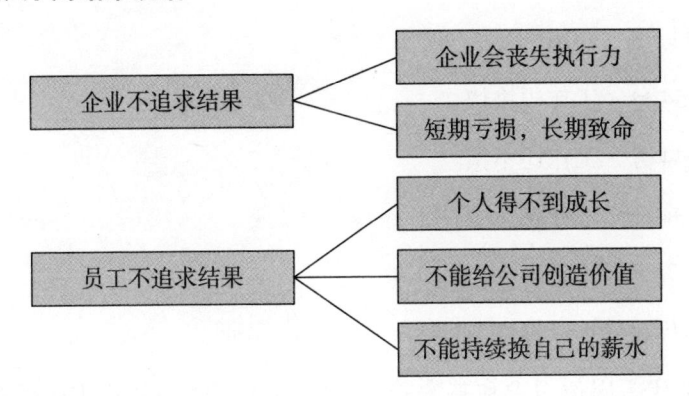

```
                              ┌─ 企业会丧失执行力
            企业不追求结果 ───┤
                              └─ 短期亏损，长期致命

                              ┌─ 个人得不到成长
            员工不追求结果 ───┼─ 不能给公司创造价值
                              └─ 不能持续换自己的薪水
```

结果操作提示

1. 上级对待下级：清晰定义结果；

2. 下级对待上级：主动核对结果定义，汇报结果；

3. 同级之间：互相核对结果定义，沟通协调。

工具包七：测量员工的状态和满意度

问　题	肯定不是	不是	一般	是	肯定是
1. 我清楚公司对我的工作要求	1	2	3	4	5
2. 我有做好我的工作所需要的信息、材料或设备	1	2	3	4	5
3. 在工作中，我每天都有机会做我最擅长的事	1	2	3	4	5
4. 在过去的一周里，我因工作出色而受到过表扬	1	2	3	4	5
5. 我的主管或同事关心我的个人情况	1	2	3	4	5
6. 公司里有人鼓励我的发展	1	2	3	4	5
7. 在工作中，我觉得我的意见受到重视	1	2	3	4	5
8. 我觉得我的工作对公司目标的达成很重要	1	2	3	4	5
9. 我周围的同事们对待工作精益求精	1	2	3	4	5
10. 我在公司有非常要好的朋友	1	2	3	4	5
11. 在过去的六个月内，公司有人和我谈及过我的进步	1	2	3	4	5
12. 过去一年里，我在工作中有机会学习和成长	1	2	3	4	5

对12项题目得分的汇总的评估

1. 55分以上　超级享受

2. 45—54分　工作很愉快

3. 35—44分　工作还不错

4. 25—34分　不在状态中

5. 24分以下　很不愉快

12题各代表什么意思？

Q1、Q2代表岗位需求和基本需求；Q3、Q4、Q5、Q6代表价值认可和管理层支持；Q7、Q8、Q9、Q10代表团队归属和团队工作；Q11、Q12代表共同成长和总体发展。

工具包八：精神激励团队的常用实操方法

1. 随时随地肯定赞美业绩明星员工

2. 将优秀员工照片张贴在公司或厂房最耀眼的地方

3. 早会或其他会议公开表扬

4. 业绩冠军奖励老板单独请吃饭且合影

5. 奖励业绩明星旅游或带家人一起旅游

6. 将优秀员工请到办公室单独沟通，鼓励向更高的目标及职位挑战

7. 用优秀员工的名字命名工艺或公司文化

8. 网站或月报提及优秀员工

9. 业绩排名激励

10. 公司张贴激励语言

11. 团队荣誉激励、做易拉宝

12. 给优秀员工家里发贺电

13. 给做出成绩的员工休假奖励

14. PK 激励

15. 公众承诺

16. 负激励、达不成目标走人

17. 制作"优秀员工"胸卡，分等级表现出来

18. 将优秀员工的照片贴在宣传栏，制作成名人堂、精英殿

19. 请员工到家里做客

20. 员工生日时，送生日卡和生日蛋糕

21. 公司大型活动时，请优秀员工投资

22. 把客户的表扬信张贴也来

23. 给优秀员工做雕像，并在媒体上宣传

工具包九：培训落地十个秘诀

秘诀 1：明确培训的预期成果，开思想动员会

秘诀 2：老板要高度重视，必须提出要求

秘诀 3：选择意愿强且达标的人

秘诀 4：训前设计调查问卷

秘诀 5：引入竞争与 PK 机制

秘诀 6：授课过程中多加以互动和引导

秘诀 7：积极参与原则

秘诀 8：作业检查、奖惩考核与成果追踪

秘诀 9：培训内容的 VI（视觉）化、传播化

秘诀 10：持续的行动分享